꿀벌

양봉가였던 나의 부모님께

꿀벌

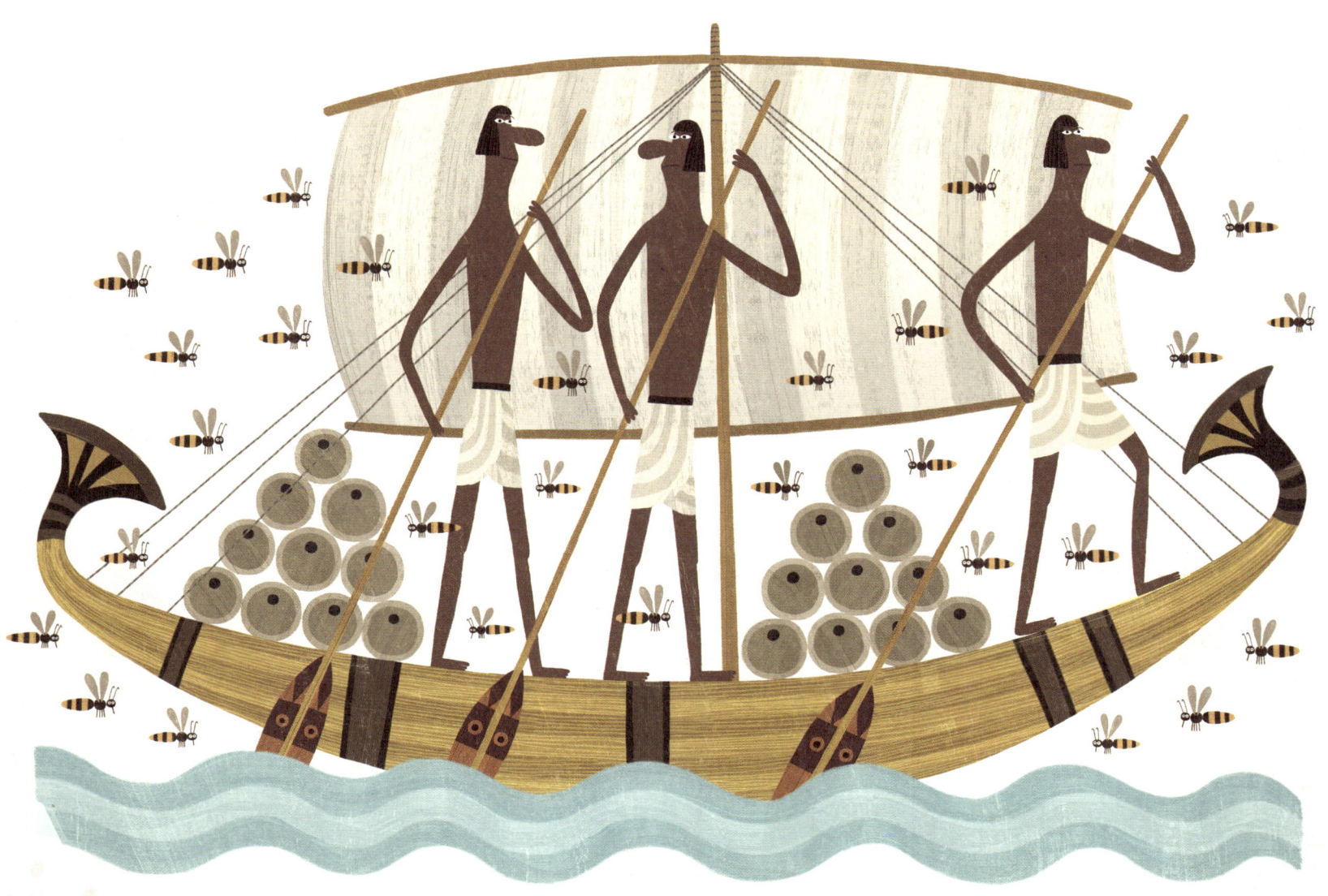

보이치에흐 그라이코브스키 글
피오트르 소하 그림 이지원 옮김

꿀벌과 공룡

1억 년 전! 꿀벌은 적어도 공룡들이 살던 1억 년 전부터 지구에 살았어요. 어떻게 아냐고요? 공룡들이 살던 시대의 것으로 밝혀진 호박 화석 안에서 꿀벌의 화석을 발견했거든요. 지구에 꽃을 피우는 식물은 1억 2천만 년 전에 나타났어요. 배고픈 곤충들은 꽃에서 영양 많은 꽃가루와 단물을 먹으면서 수술의 꽃가루를 암술로 옮겨 주었어요. 수술과 암술은 꽃의 생식 기관으로 수술의 꽃가루와 암술이 만나는 '수정'을 해야 꽃이 열매를 맺고 씨앗을 만들어요.(그림 8을 보세요.) 꽃과 곤충 모두에게 이로운 일이었지요. 그런데 꿀벌의 조상들은 처음엔 곤충들을 잡아먹는 사나운 곤충 사냥꾼이었어요. 그래서 먹는 데 정신이 팔

! 곤충들을 사냥할 때나 잠시 꽃 위에 앉곤 했지요. 그런 어느 날, 한 꿀벌이 "기 온 김에 꽃가루 맛이나 볼까?"라고 말한 게 곤충 사냥꾼에서 오늘의 꿀벌로 하게 된 첫걸음이었어요. 그 후, 꿀벌의 몸에 털이 나기 시작하면서 꿀벌이 꽃가 를 옮기는 데 큰 도움이 되자, 식물들은 꿀벌에게 잘 보이려고 더 화려하고 향기로운 꽃이 되고자 노력했어요. 꿀과 꽃가루도 더 많이 만들었고요. 덕분에 꿀벌은 완전한 채식주의자로 돌아섰답니다. 이러한 꽃과 곤충의 이로운 관계는 지금까지도 이어져 오고 있습니다.

꿀벌의 생김새

꿀벌의 눈 - 확대한 모양

어른이 된 일벌(알을 낳을 수 없는 암벌이에요.)은 몸길이가 12~15mm이고 몸무게는 1/10g이에요. 수벌은 일벌보다 몸이 좀 더 길고 몸무게가 두 배쯤 되어요. 꿀벌 무리 중에서 가장 큰 벌은 여왕벌이에요. 몸길이가 약 25mm지요. 벌은 머리에 있는 더듬이로 냄새를 맡고 촉각을 느껴요. 머리 양쪽에 있는 커다란 눈은 수천 개의 겹눈으로 되어 있어요. 여러 개의 눈이 벌집 모양으로 모여 있지요. 겹눈 사이에 3개의 홑눈이 또 있어요. 벌의 눈은 빨간색은 못 보지만, 사람이 볼 수 없는 자외선을 볼 수 있어요. 벌은 집게 모양의 큰턱으로 먹이를 붙잡고, 조금 긴 작은턱으로 먹이를 씹어요. 끝이 둥근 긴 혀는 꽃의 바닥에서부터

을 마시는 데 유용하지요. 꿀벌은 6개의 다리로 걷는 것 외에 많은 일을 해요. 다리에 난 털로 몸에 묻은 꽃가루를 털어서 뒷다리에 있는 '꽃가루통'에 모아요. 꽃가루를 딱딱한 덩어리로 만들어서 벌집으로 옮기지요. 꿀벌은 앞날개와 뒷날개가 작은 갈고리 같은 것으로 단단히 붙어 있어요. 작은 날개로 1초에 230번이나 날갯짓을 하고 시속 30km의 속도로 날아요. 벌집의 벽은 밀랍으로 되어 있는데 밀랍은 일벌 배 속의 분비샘에서 만들어집니다. 여왕벌과 일벌의 배 속에는 침이 숨겨져 있는데, 침은 독주머니와 연결되어 있어요. 꿀벌 배에 난 줄무늬는 땅벌과 말벌들에게 이렇게 말해요. '독침 주의!'라고요.

그림 3

꿀벌들이 하는 일

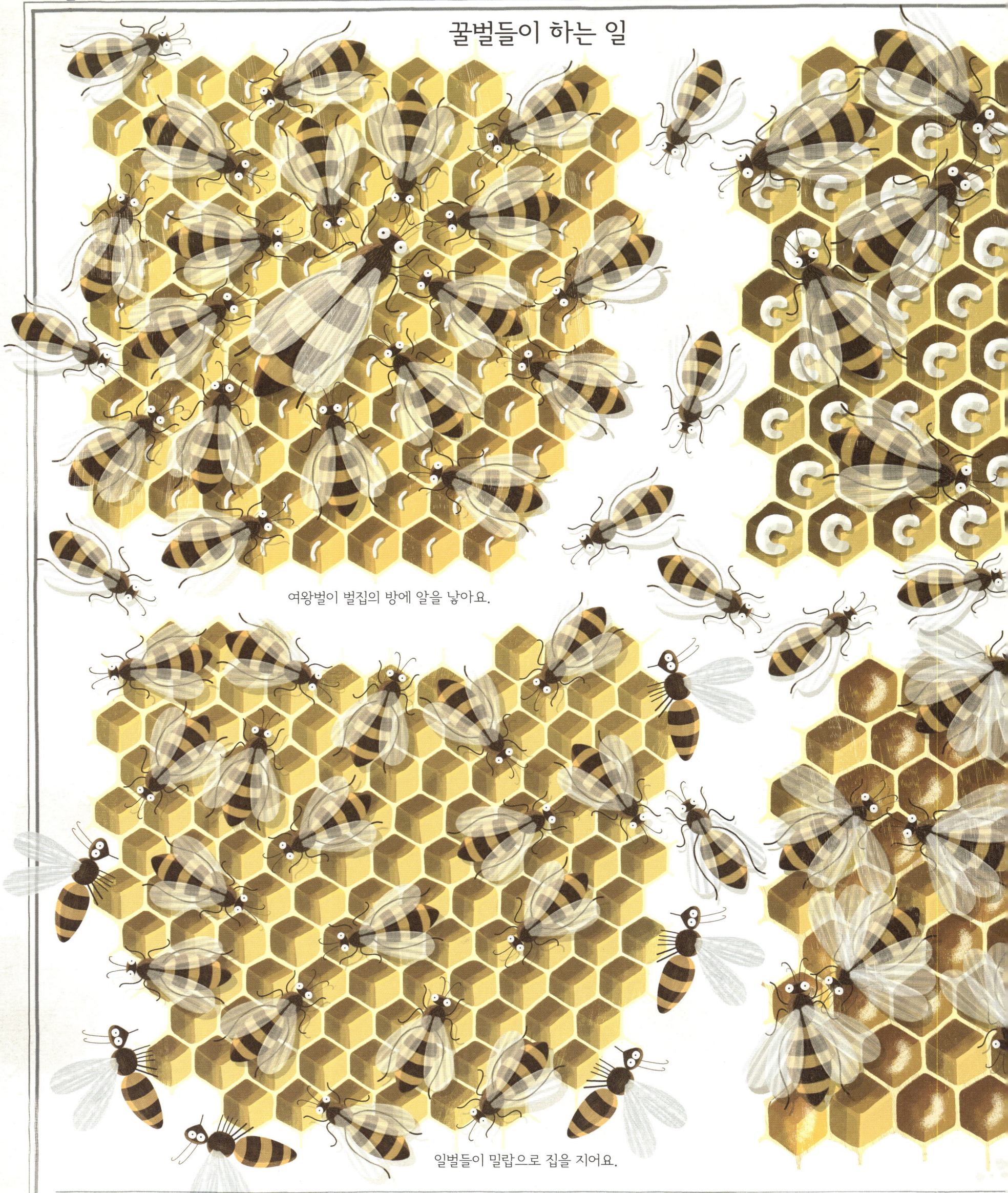

여왕벌이 벌집의 방에 알을 낳아요.

일벌들이 밀랍으로 집을 지어요.

꿀벌 무리는 수만 마리가 함께 사는 대가족이에요. 모두에게 정확히 해야 할 일이 있지요. 여왕벌은 수만 마리의 대가족을 이끌어요.(그림 4를 보세요.) 여왕벌이 벌집의 방에 알을 낳고 알에서 애벌레가 나오면, 일벌들이 애벌레를 돌봐 줍니다. 애벌레는 번데기에서 날개를 가진 어른 벌로 자라는데 이들이 바로 꿀벌 무리의 새로운 일벌과 수벌들입니다. 일벌이 태어나서 가장 먼저 하는 일은 자신의 허물을 잘게 부숴 치우는 일입니다. 방을 치운 일벌은 새로 태어난 벌레에게 꽃가루와 꿀을 섞어 만든 '꽃가루빵'을 먹이고, 몸에서 로열 젤리가 비되기 시작하면 애벌레에게 로열 젤리를 줍니다. 로열 젤리를 듬뿍 먹은 애벌

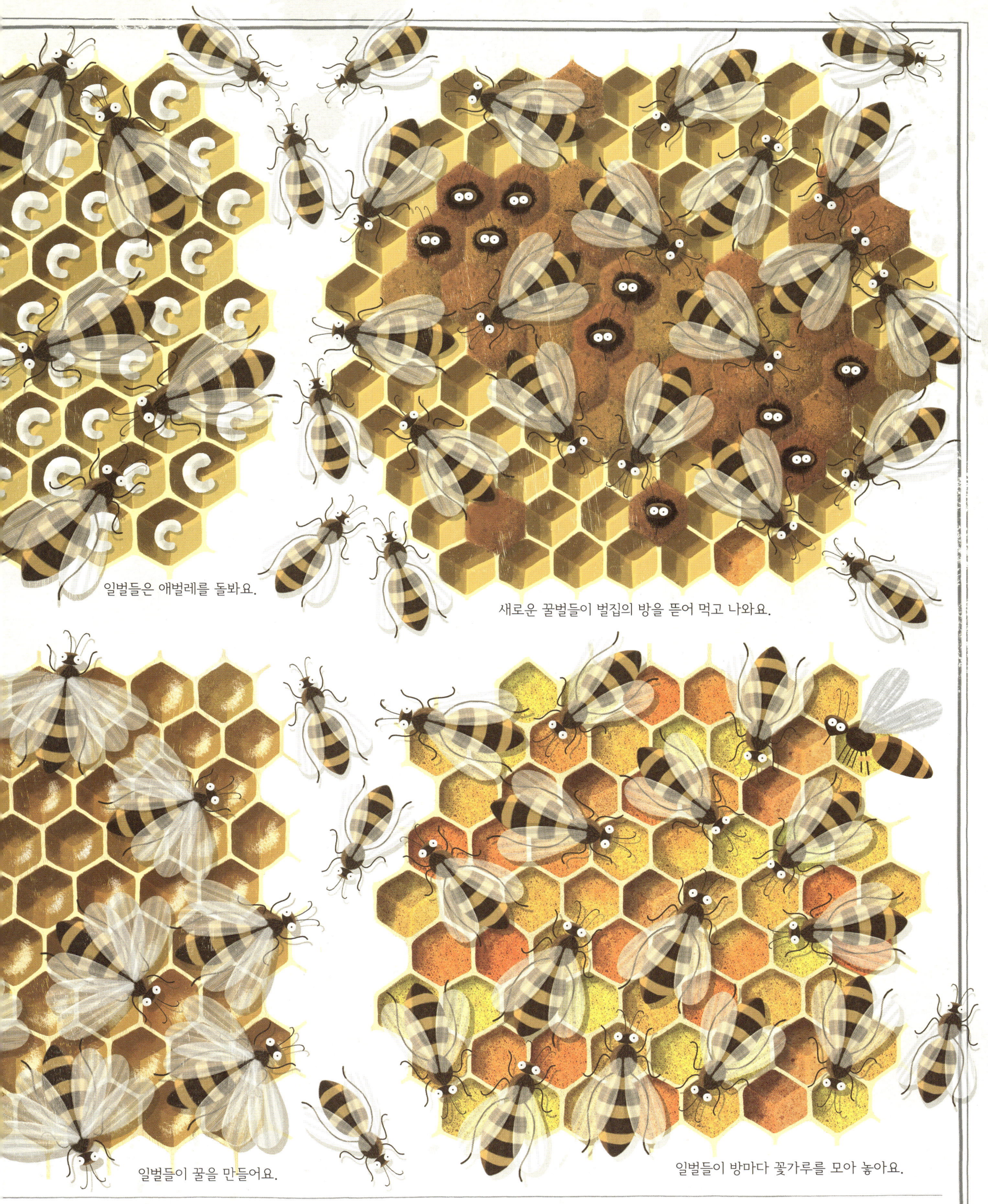

일벌들은 애벌레를 돌봐요.

새로운 꿀벌들이 벌집의 방을 뜯어 먹고 나와요.

일벌들이 꿀을 만들어요.

일벌들이 방마다 꽃가루를 모아 놓아요.

가 여왕벌로 자라나지요. 일벌의 배에서 밀랍이 분비되면 밀랍으로 벌집을 고치거나 방을 짓고, 방 안에 꿀과 꽃가루를 정리합니다. 벌집 입구를 지키는 파수병의 역할을 끝으로 일벌은 죽을 때까지 밖으로 나가 단물과 꽃가루를 채집해요. 이토록 바쁜 일벌에 비해 수벌은 일도 하지 않고 먹이도 모으지 않아요. 수벌은 여왕벌에게 수정만 잘하면 된답니다. 불행히도 수정에 성공한 수벌들은 바로 죽습니다. 나머지 수벌들은 조금 더 오래 살지만 가을이 되면 벌집에서 일벌들에게 쫓겨나 굶어 죽는답니다.

여왕벌과 벌의 번식

일벌들에게 둘러싸인 여왕벌

애벌레가 들어 있는 방을 옆에서 본 모습

몇몇의 수벌들만 여왕벌과의 교미에 성공해요.

여왕벌도 일벌처럼 종일 일을 합니다.(그림 3을 보세요.) 하지만 일벌처럼 여러 종류의 일을 하지는 않아요. 여왕벌은 세상에 자손을 퍼뜨리는 일만 하면 되어요. 다른 일은 일벌들이 해 줍니다. 일벌들은 여왕벌을 먹이고 씻겨 주고, 여왕벌이 만들어 내는 여왕 물질을 핥아 벌집에 옮겨요. 여왕 물질은 일벌들이 알을 낳지 못하게 해요. 그래서 수만에 이르는 벌 가족에게 엄마는 여왕벌 딱 한 마리인 것이지요. 대신 아빠는 여럿이에요. 왜 그러냐고요? 여왕벌은 성숙해지면 벌집을 떠나 결혼 비행에 나서요. 여왕 물질 냄새에 현혹된 수벌들이 여왕벌을 따라가고, 가장 빠르고 가장 끈질긴 수벌이 여왕벌과 공중에서 수정을 하고 정자를 남겨요. 그러고는 바로 죽어요. 여왕벌은 열 댓 마리의 수벌에게서 정자를 얻어서 배 속에 모아 와요. 벌집으로 돌아온 여왕벌은 남은 생을 알을 낳는

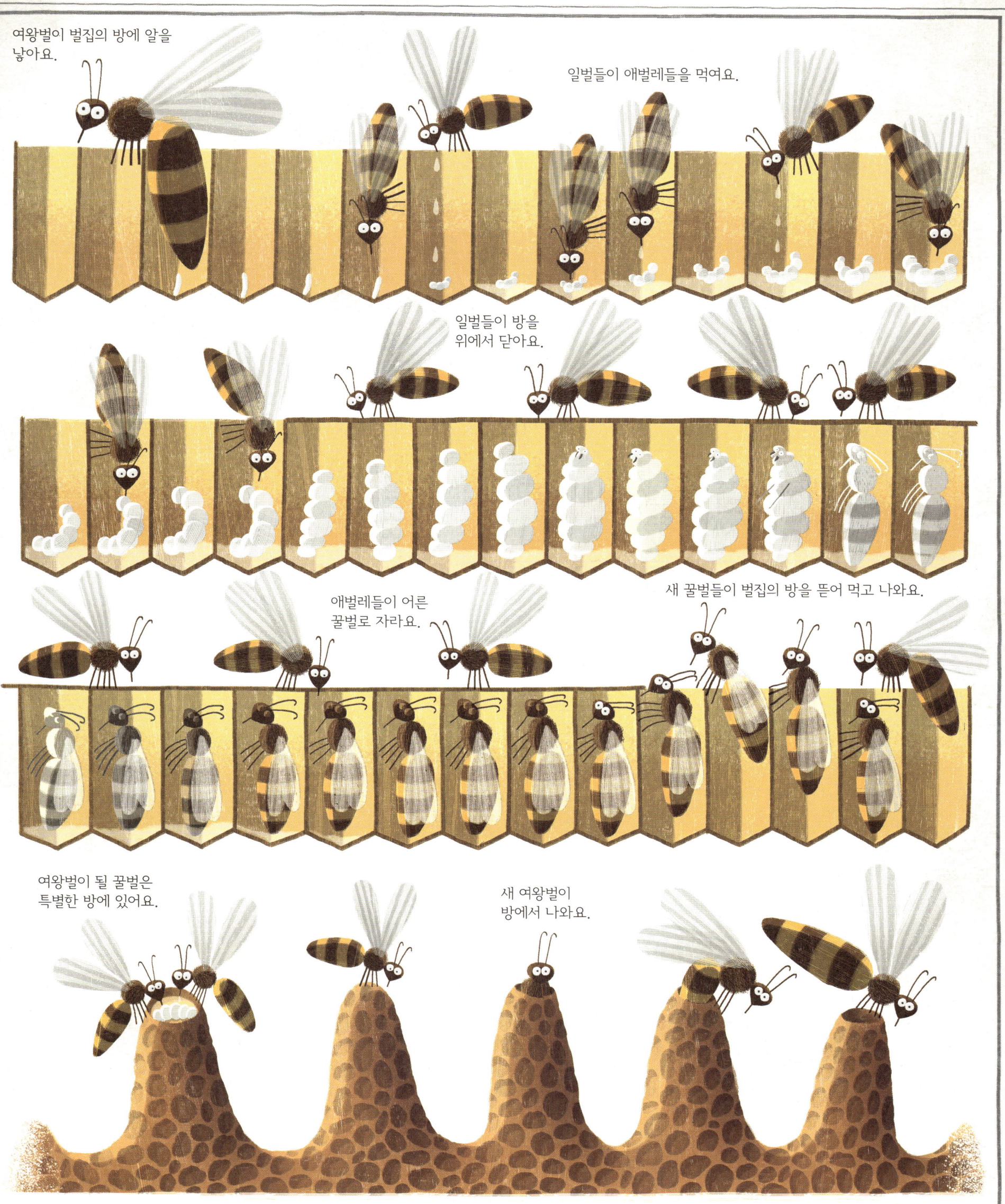

길에 매진합니다. 여왕벌은 하루에 2천 개가 넘는 알을 낳습니다. 가을과 겨울에는 알을 낳지 않는데도, 일 년에 약 100만 개 정도의 알을 낳아요. 여왕벌이 모아 둔 정자와 수정된 알에서는 일벌들이 태어나고, 수정이 안 된 알에서는 수벌이 태어나요. 여왕벌은 보통 2년에서 4년, 7년까지 사는데, 여왕벌은 생을 마칠 때가 되면 호위병들과 함께 벌집을 떠납니다.(그림 6을 보세요.) 벌집에 남은 꿀벌들은 다음 여왕벌을 길러 내야 합니다. 로열 젤리를 잔뜩 먹은 애벌레들 중에서 가장 먼저 방에서 나온 어른 벌이 벌집의 새 여왕벌이 됩니다. 남은 애벌레들은 어떻게 되냐고요? 안타깝지만 새 여왕벌에게 죽임을 당한답니다. 꿀벌 무리의 여왕벌은 단 한 마리뿐이니까요.

벌들의 춤

둥글게 원을 그리는 춤은 벌집 가까이 꽃이 있다는 뜻이에요.

꽃과 거리가 멀수록 원의 모양이 8자 모양처럼 되어요.

8자 모양의 춤은 꽃과의 거리, 어느 방향에 꽃이 있는지를 알려 줘요.

정찰 벌들은 꿀을 얻을 수 있는 식물인 밀원이 어디에 있는지 찾은 다음에 춤을 춰서 채집 벌에게 그 위치를 알려 줘요. 식물이 벌집 가까이 있으면 둥근 원을 그리는 춤을 추고, 멀리 있으면 8자 모양의 춤으로 식물과의 거리와 방향을 알려 줍니다. 8자 모양을 그릴 때 가운데에 있는 벌이 배를 위쪽으로 흔들면, 태양이 떠 있는 방향에 밀원이 있다는 뜻이에요. 배를 아래로 흔들면 태양의 반대 방향이에요. 오른쪽으로 흔들면 태양의 오른쪽, 왼쪽은 태양의 왼쪽을 가리키지요. 배를 흔드는 시간이 밀원과의 거리고 약 1초가 100m를 뜻해요. 벌집 안은 어둡고 다른 벌들의 날갯짓 소리로 시끄러워서, 정찰 벌의 춤을 정확히 보

이가 어려워요. 그래서 채집 벌들은 정찰 벌에게 다가가서 몸을 대고 몸의 움직임과 진동으로 꽃이 어디에 있는지를 알아내요. 가끔 정찰 벌은 무거운 책임의 일을 합니다. 새로운 벌집을 만들 장소를 찾는 일이에요. 벌 가족을 나누는 일을 분봉이라고 하는데, 여왕벌의 힘이 약해지거나, 가족 무리가 많아졌을 때 분봉을 하지요. 이때 여왕벌은 벌집을 떠나 나뭇가지에 앉아요. 수벌과 몇몇의 일벌 무리가 여왕벌을 호위하며 빽빽한 군집을 이루어요. 정찰 벌의 몸짓을 따라 무리는 새로운 곳으로 이동해 집을 짓습니다. 그동안 옛 벌집에선 새로운 여왕벌이 태어납니다.

그림 7

생체 모방 기술

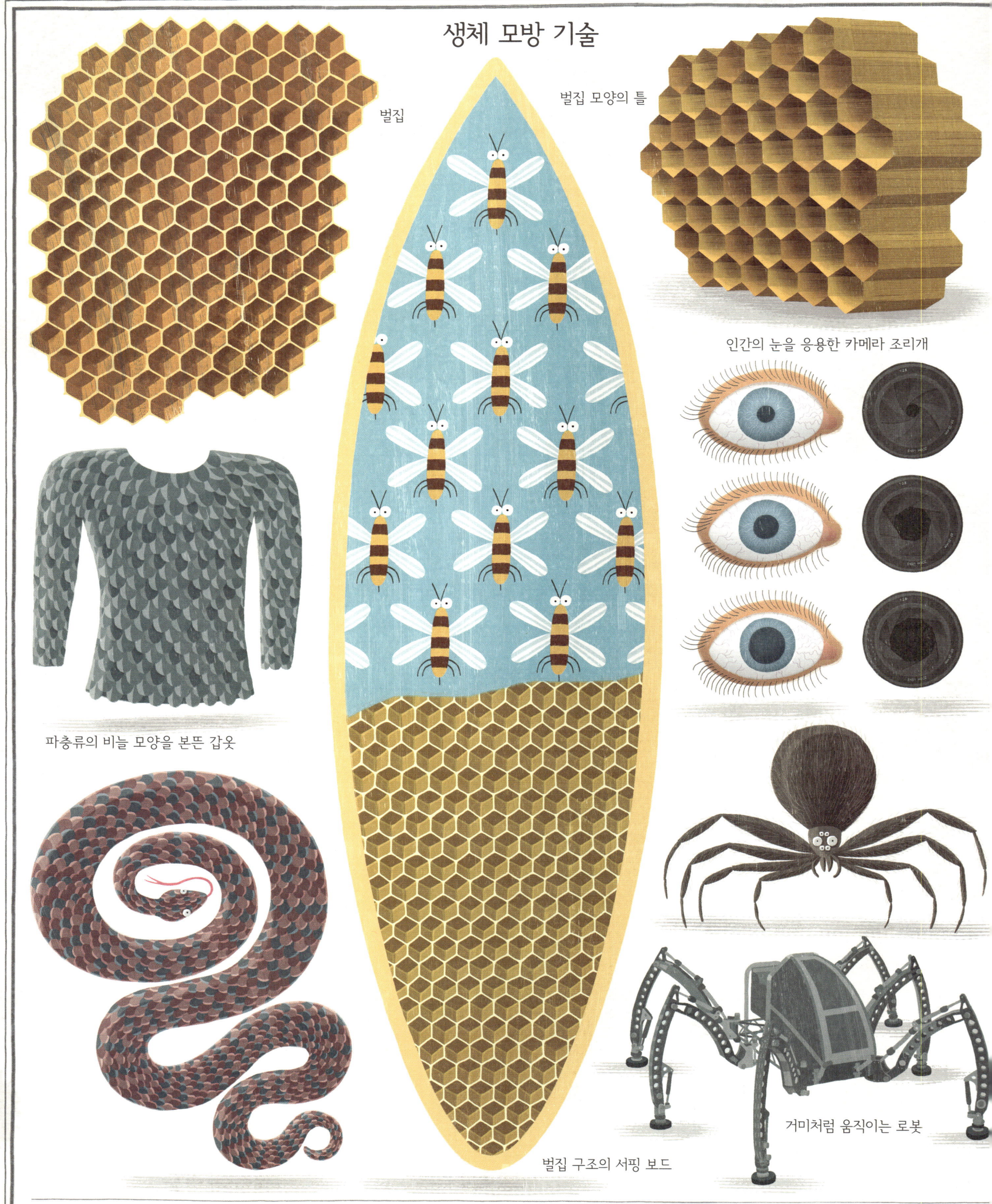

벌집
벌집 모양의 틀
인간의 눈을 응용한 카메라 조리개
파충류의 비늘 모양을 본뜬 갑옷
벌집 구조의 서핑 보드
거미처럼 움직이는 로봇

일벌 들이 만든 벌집에는 수천 개의 방이 있어요. 꿀과 꽃가루를 모아 두는 방, 애벌레들이 자라는 방, 여왕벌이 알을 낳는 방 등, 벌집에는 여러 종류의 방이 있어야 해요. 그런데 벌집은 일벌이 만들어 내는 밀랍으로 만들어요. 꿀벌 무리에서 일벌의 수가 아무리 많다고 해도 일벌이 만들 수 있는 밀랍의 양은 정해져 있어요. 한정된 밀랍으로 수천 개의 방이 있는 벌집을 어떻게 만들 수 있을까요? 정답은 육면체 모양의 방이에요. 육면체 모양의 방은 사이에 빈 공간 없이 이어 붙일 수가 있어요. 게다가 육면체는 가장 균형있게 힘을 나누는 안정적인 구조예요. 이러한 벌집의 육면체 구조는 사람들에게 영감을 주었어요. 사람들은 집

새 둥지에 영감을 받은 베이징 올림픽 스타디움

해면의 뼈대에 영감을 받은 30 세인트 메리 엑스

옥수수 모양을 본뜬 시카고 마리나 시티

뼈의 섬유 구조를 바탕으로 만든 에펠 탑

소라 모양의 나선 계단

이나 건물을 지을 때 벌집 모양의 판과 틀을 만들어 썼어요. 벌집 모양의 판과 틀은 가벼우면서도 견고해서 여러 곳에 쓰였지요. 비행기, 헬리콥터, 자동차, 배, 건물과 선반, 가구, 문, 스노보드, 서핑 보드 등등 말이에요. 옛날부터 사람들은 자연에 영감을 받고 새로운 물건을 발명했어요. 석기 시대의 돌칼은 육식 동물의 날카로운 이빨을 보고 만들었을 거예요. 바구니는 새 둥지를 보고 만들었을 테고요. 파리의 유명한 에펠 탑을 만든 구스타프 에펠은 사람 골반 뼈의 섬유 구조를 보고 에펠 탑을 만들었대요. 이렇게 자연에서 영감을 받아 따라 만드는 것을 '생체 모방 기술'이라고 합니다.

식물의 수정

모든 식물은 삶에 두 가지 목적이 있어요. 첫째는 자라나는 것이고, 둘째는 새로운 식물로 자랄 '씨'를 만드는 것이에요. 식물의 씨는 대부분 열매에 들어 있어요. 식물이 열매를 맺으려면 수정을 해야 해요. 수정은 수술 끝의 꽃가루를 암술로 옮겨 주는 거예요. 식물들은 수정을 하려고 여러 방법을 써요. 가장 쉬운 건 자가 수정으로 꽃 안에 있는 수술과 암술이 서로 부딪히는 거예요. 그런데 수정을 할 때 다른 꽃의 꽃가루와 만나면 더 좋은 씨앗이 만들어져요. 그러니까 왼쪽 길에 심은 사과나무 꽃의 꽃가루가 오른쪽 길에 심은 사과나무 꽃의 암술과 만나면 더 좋은 사과나무 씨앗이 만들어져요. 그런데 식물은 움직일 수가 없

요. 그럼 멀리 떨어진 식물끼리 어떻게 해야 만날 수 있을까요? 첫째는 바람의 도움으로 공기 중에 많은 꽃가루를 퍼뜨리는 거예요. 잔디나 참나무, 자작나무가 이러한 방법으로 수정을 해요. 두 번째는 동물, 특히 곤충의 힘을 빌리는 거예요. 곤충 중에서 최고의 수정 전문가는 꿀벌이에요. 식물들은 꿀벌을 유혹하려고 달콤한 향을 내뿜고 화려한 빛깔을 뽐내지요. 꿀벌들이 꽃의 단물을 마시려면 수술의 꽃가루를 몸에 묻힌 채, 암술을 건드릴 수밖에 없어요. 덕분에 꽃은 수술의 꽃가루와 암술이 만나는 수정을 해냅니다. 몸에 꽃가루를 묻힌 채로 꿀벌은 다른 꽃으로 날아가 꽃가루 배달까지 해내니, 최고의 수정 전문가 맞지요?

꿀벌이 만든 과일과 채소

우린 꿀벌에게 꿀만 얻는 게 아니에요. 달콤한 과일과 싱싱한 채소도 꿀벌 덕분에 먹을 수 있어요. 꿀벌의 도움으로 많은 식물이 수정을 해서 과일과 씨를 얻어요.(그림 8을 보세요.) 사과, 배, 자두, 체리, 수박 모두 꿀벌의 도움으로 만든 과일이에요. 오이나 파프리카처럼 씨가 많은 채소도 꿀벌의 도움으로 수정해요. 호박씨, 해바라기씨, 참깨와 들깨는 물론 커피나무 열매의 씨앗인 커피콩도 꿀벌 덕분에 우리가 먹을 수 있어요. 농부에게 씨앗은 정말 중요해요 씨앗이 있어야 농사를 지을 수 있으니까요. 농부는 무나 비트, 당근, 파와 양배추, 콜리플라워와 브로콜리는 전부 다 수확하지 않고 일부를 밭에 남겨 둬요. 꽃이 피고 수정이 될 때까지 기다렸다가 다음 해 밭에 심을 씨앗을 얻으려고요. 파프리카, 딸기, 석류는 자가 수정이 가능하지만 벌과 바람의 도움으로 수정을 완

히 해냅니다. 해바라기와 커피나무도 마찬가지예요. 식물의 수정을 돕는 곤충이 꿀벌만 있는 것은 아니에요. 나비, 딱정벌레, 새들도 식물의 수정을 도와요. 하지만 식물 대부분의 수정은 꿀벌이 합니다. 농업에 기여하는 꿀벌의 공로는 입이 마르도록 칭찬해도 부족하지 않아요. 게다가 우린 꿀벌 덕분에 고기와 우유도 먹을 수 있어요. 가축들이 꿀벌이 수정해 준 풀을 먹고 자라고, 우유도 만들어 주니까요. 옷의 재료인 천을 만들 때 꼭 필요한 목화 역시 목화꽃이 수정되지 않으면 얻을 수 없어요. 목화솜이 없으면 청바지와 티셔츠는 물론 종이도 만들 수 없답니다. 꿀벌의 도움으로 얻는 게 참 많지요?

식물을 수정하는 동물들

꽃가루 와 단물 때문에 식물의 수정(그림 8을 보세요.)을 돕는 동물들이 많아요. 꽃가루를 좋아하는 딱정벌레(1~5, 7, 14, 20)와 긴 주둥이로 꽃의 바닥에 있는 단물을 마시는 나비(6, 8, 18, 21)가 있지요. 밤에 날아다니는 나방(10, 12)도 꽃의 단물을 좋아하는데, 어떤 나방은 꽃 위에 앉지 않고 헬리콥터처럼 꽃 근처를 날며 긴 주둥이를 내려서 단물을 빨아 먹어요. 세상에서 가장 작은 새인 벌새(13)도 비슷해요. 날개를 1초에 80번이나 움직이면서 긴 주둥이보다 더 긴 혀로 단물을 빨아 먹어요. 긴주둥이꿀박쥐(9)도 단물을 먹으며 꽃가루를 옮기는데, 긴주둥이꿀박쥐는 혀가 자기 몸보다 더 길어요. 세상에서

상 큰 꽃의 이름을 아나요? 바로 지름이 1m나 되는 자이언트 라플레시아(23)예요. 세상에서 가장 큰 꽃이니, 얼마나 향기로울까 싶지만, 냄새가 아주 고약해요. 고약한 냄새를 따라 파리(22)들이 날라 와 꽃가루를 옮겨요. 호박벌(17)과 여러 종류의 벌들(11, 15, 16, 19, 24)도 수정 전문가예요. 하지만 역시 최고의 수정 전문가는 꿀벌이에요. 꿀벌들은 벌집 근처에 라임 나무 꽃이 잔뜩 피면, 라임 나무에서만 단물을 채집해 오자 약속해요. 이렇게 한 종류의 꽃에서 단물을 채집하는 건 꿀벌 무리에서만 볼 수 있는 특징이지요. 덕분에 라임 나무 꽃가루가 라즈베리나 토끼풀에게 가지 않는답니다.

꿀벌과 사람의 만남

꿀벌과 사람의 만남을 기록한 동굴 벽화들이 있어요. 아프리카와 아시아, 유럽, 호주에서 발견되었지요. 가장 유명한 것은 스페인의 아라냐 동굴 벽화예요. 기원전 7천 년 전에 그린 벽화인데, 벌집에서 꿀을 따는 사람과 꿀벌들의 모습이 그려져 있어요. 그림을 보면 바구니를 들고 사다리 위에 올라선 사람이 횃불로 연기를 내어 벌들을 몰아내고 있어요. 원시 시대 사람들은 살기 위해 꿀을 훔쳐 갔을 거예요. 꿀은 70% 이상이 탄수화물이에요. 탄수화물은 즉각적인

지원이니, 먹을 것이 풍족하지 않던 원시 시대 사람들에게 꿀은 요긴한 음식이 었지요. 그뿐인가요. 벌집 안에는 단백질과 지방이 풍부한 애벌레도 있잖아요. 오늘날에도 아프리카의 에페 족에게 꿀벌 애벌레는 중요한 식량이랍니다. 에페 족은 1년에 두 달을 '꿀의 달'로 정해서 벌집을 약탈하는데, 약탈하는 벌집의 양이 두 달 동안 먹는 음식의 3/4을 차지한답니다.

그림 12

꿀벌과 고대 이집트

고대 이집트 인들은 벌을 기르는 법을 잘 알고 있었어요. 무덤에서 발견한 그림을 보면 4천 년 전에 벌통을 만들었다는 걸 알 수 있지요. 고대 이집트의 벌통은 긴 항아리 모양으로 차곡히 쌓아 올려 벌집을 만들었어요. 고대 이집트 인은 꿀벌이 사막에 떨어진 태양신 라의 눈물이라고 믿었어요. 그래서 꿀벌을 신성하게 여기고, 파라오를 '꿀벌의 왕'이라고 했어요. 또, 꿀벌은 꽃이 가득한 비옥한 땅인 하 이집트의 상징이었어요. 하지만 이집트 사람들이 꿀을 먹는 건 드물었어요. 꿀은 아주 귀했거든요. 꿀은 사람이 먹기보다는 값비싼 선물로 신과 신성한 동물에게 바쳐졌어요. 고대 그리스의 여행자이며 지리학자였던 스트라본은

이집트를 여행할 때, 사람들이 신성하게 여긴 악어에게 꿀을 바치는 것을 보았어요. 스트라본의 묘사에 따르면 두 명의 제사장이 억지로 악어의 입을 벌리고, 다른 한 제사장이 악어의 입에 빵을 넣고 꿀을 흘려 넣었대요. 악어를 괴롭히는 일에만 꿀을 쓴 건 아니에요. 파라오의 부인 중 하나인 네페르티티와 이집트의 여왕인 클레오파트라는 꿀을 화장품으로 썼어요. 상처를 치료하는 약으로도 썼고요. 이집트 인들은 밀랍도 많이 썼어요. 죽은 지배자의 몸을 향기롭게 하는 데도, 그릇을 새지 않게 하고 접착제를 만드는 데도 썼어요. 특이한 건, 밀랍으로 초를 만들어 쓰지 않았다는 거예요. 이집트에선 기름 램프로만 어둠을 밝혔답니다.

그림 13

꿀벌과 그리스 신화

헤라 - 제우스의 아내

포세이돈 - 바다의 신

아테나 - 지혜의 신

아폴론 - 미와 예술의 신

고대 그리스 인들은 신들이 올림포스 산에서 넥타(과일을 으깨어 만든 주스)를 마시고 암브로시아(가상의 식물)를 먹어서 영원히 사는 것이라 믿었어요. 넥타와 암브로시아가 무엇인지 도무지 알 길은 없지만, 꿀은 분명 들어갔을 거예요. 왜냐하면 올림포스 신들의 제왕인 제우스가 꿀을 먹고 자랐거든요. 제우스가 태어나자마자 아버지인 크로노스는 제우스를 잡아먹으려고 했어요. 다행히 제우스의 어머니 레아가 동굴에 제우스를 숨겨 놓고 아말테이아와 멜리사에게

헤파이스토스 - 불의 신

제우스 - 모든 신들의 지배자

헤르메스 - 전령의 신

아르테미스 - 사냥의 여신

몰래 키워 달라고 부탁했지요. 아말테이아는 염소의 젖을, 멜리사는 꿀을 가져와 제우스에게 먹였어요. 인간들이 꿀을 맛보게 된 건 아폴론의 아들인 아리스타이오스 덕분이에요. 젊은 아리스타이오스를 요정들이 길렀는데, 요정들은 아리스타이오스에게 양봉하는 법, 치즈를 만드는 법, 올리브 나무를 기르는 법을 알려 줬고, 아리스타이오스가 인간들에게 알려 주었지요. 덕분에 그리스 인들은 꿀만 아니라 오늘날까지도 유명한 올리브와 페타 치즈를 만들 수 있었답니다.

그림 14

꿀벌과 알렉산더 대왕

꿀은 고대인들에게 용모를 가꿀 수 있게 해 주었어요. 죽었는지 살았는지 상관없이요. 기원전 4세기 그리스의 지배자는 마케도니아의 알렉산더 대왕이었어요. 알렉산더 대왕은 그리스의 영토 절반을 차지하고, 그리스와 페르시아, 인도에 이르는 왕국을 세웠어요. 하지만 바빌론에서 젊은 나이에 죽음을 맞이했어요. 바빌론은 고향 마케도니아에서 2,000km 떨어진 곳이었어요. 병사들은 죽은 대왕의 시체를 온전히 보전해 가려고, 시체를 꿀에 담가서 이동했대요.

그림 15

포페아

기원전 1세기, 로마를 다스리던 네로 황제의 부인 포페아는 당나귀 젖으로 목욕을 하고 꿀로 닦았답니다. 주름이 생기는 걸 막고 매끈한 피부를 만들려고요. 이렇게 목욕을 하는데 당나귀가 500마리가 필요해서, 포페아는 가는 곳마다 당나귀를 데리고 다녔다고 해요. 로마의 역사학자들은 모두 포페아 황후가 아주 아름답다고 묘사했어요. 꿀 덕분일까요? 그런데 잔인하고 성질 나쁜 황제의 아내를 감히 누가 예쁘지 않다고 쓸 수 있었을까요?

그림 16

꿀벌과 슬라브족

슬라브족은 오늘날의 폴란드, 러시아, 슬로바키아, 체코 지역에 살며, 슬라브어를 사용한 민족이에요. 슬라브족은 꿀을 발효해 술을 만들었는데, 이 밀주 없이는 어떤 축제도 치를 수 없었지요. 한여름 밤에 벌어지는 쿠팔라 축제(소부트카) 날이면 모닥불을 켜고 밤새 밀주를 마셨어요. 독일 뤼겐섬의 아르코나 마을에선 해마다 제사장이 올해 농사가 잘 될지를 밀주로 점쳤답니다. 폴란드의 지아디 축일에는 죽은 후에도 밀주의 맛을 즐길 수 있도록 죽은 사람들을 위해 밀주를 올렸어요. 슬라브족은 기독교를 믿으며, 양봉가를 위한 수호자를 찾아냈어요. 바로 4세기 로마에 살았던 성 암브로시우스예요.

그림 17

성 암브로시우스

전설에 따르면 암브로시우스는 어릴 때부터 벌들의 사랑을 받았어요. 어린 암브로시우스가 자고 있을 때 벌들이 날아와 입술 위에 앉았는데, 어느 벌도 암브로시우스에게 침을 쏘지 않고 날아갔어요. 약간의 꿀을 남겨 두고서요. 암브로시우스가 위대한 웅변가가 될 것을 예언한 것이지요. 실제로 암브로시우스는 설교와 연설을 잘하는 사람으로 유명하답니다. 암브로시우스는 34살에 밀라노의 주교가 되며 교회에서 가장 중요한 인물이 되었어요. 암브로시우스가 죽은 후에 그 인품을 높이 사, 성인으로 추앙받았습니다.

그림 18

나폴레옹과 조세핀

꿀벌을 귀하게 여겼지만, 왕가의 문장으로는 독수리나 사자, 곰을 주로 썼어요. 그러다 18세기와 19세기에 걸쳐 프랑스 황제가 된 나폴레옹이 꿀벌을 자신의 왕국을 상징하는 문장으로 선택했어요. 나폴레옹은 13세기 초에 프랑크 왕국을 다스린 힐데리히 1세에게 영감을 받았어요. 힐데리히 1세의 무덤에는 정교하게 조각한 300개의 황금 벌 조각상이 가득했지요. 나폴레옹은 파리 노트르담 성당에서 황제 대관식을 할 때, 황후 조세핀과 함께 황금빛 실로 꿀벌

모양을 수놓은 망토를 입었어요. 자신이 고대 프랑스 땅을 다스린 왕의 계승임을 나타내고 싶었던 거예요. 또, 나폴레옹은 이전에 프랑스를 다스린 부르봉 왕가와 아무 사이가 아님을 밝히고 싶었어요. 부르봉 왕가의 문장은 황금 백합이었어요.

곧, 프랑스의 모든 깃발과 도장, 관공서 건물에 부르봉 왕가의 문장인 백합이 사라지고 꿀벌이 자리하게 되었답니다.

재미있는 꿀벌 이야기

꿀벌은 수정 챔피언

유엔 식량 농업 기구는 146개국의 식량 90%를 책임지는 100종류의 식물 목록을 만들었다. 이중 71종이 꿀벌의 도움으로 수정된다. 보통 야생 식물이다.

일벌의 하루 이동 거리는?

일벌들은 단물과 꽃가루를 얻으려고 15만 번 벌집을 오간다.

꽃에서 꽃으로

유채꽃을 수정하는 벌들은 1분에 15~20송이의 유채꽃을 만난다. 꿀벌은 최고의 수정 챔피언이다.

꿀벌은 얼마의 무게를 들 수 있을까?

일벌은 배 속에 자기 몸무게의 절반에 해당하는 단물을 담는다. 단물이 많은 꽃을 발견하면 배 속에 단물을 한 번에 가득 채울 수 있다. 하지만 벌집 근처에 단물이 별로 없는 작은 꽃들만 있으면 여러 번 꽃을 오가야 한다. 미국의 한 꿀벌 연구가가 일벌의 움직임을 살피니, 일벌은 106분 동안 꽃 1,446송이에 들렀다가 벌집으로 왔다. 일벌은 꽃가루를 꽃가루 주머니에 채워 오는데, 일벌 몸무게의 1/10에서 1/3 정도까지 채워 들 수 있다고 한다.

꿀 1KG

꿀 1kg을 만들려면 꿀벌들은 수백만 송이의 꽃을 찾아가야 한다. 그 움직임을 거리로 따지니 약 15만 km를 날아야 한다. 지구를 4번 돈 것과 같은 거리다.

꿀벌은 어디서 왔을까?

꿀벌의 번식에 대한 과학적인 이론이 나오기 전에, 그에 관한 황당한 이야기가 있었다. 13세기에 브루네토 라티니가 쓴 《지식의 보고》라는 백과사전을 보면, 꿀벌은 죽은 암소의 썩은 고기에서 나온다고 하였다. 죽은 말에게는 말벌이, 죽은 노새에겐 뒤영벌이, 당나귀로부터는 장수말벌이 나온다고 했다. 라티니는 꿀벌은 언제나 '정결하고 순결하게' 남아 있으며, '이 세상에 수많은 종족을 죄 없이 만들어 낸다.'고 했다. 또한, 꿀벌들은 죄가 없는 인간을 알아본다고 믿었다. 그래서 누군가가 벌들 옆을 지나는데 벌들이 침으로 쏘지 않으면 그 사람은 순결하다고 믿었다.

날개로 악기 연주를

곤충이 날아갈 때, 주변의 공기가 떨리며 특색 있는 소리가 난다. 악기의 줄을 빠르게 움직이면 고음이 되듯 곤충이 날개를 빨리 움직일수록 웅웅거리는 날개 소리는 점점 높아진다. 소리를 잘 구분하는 사람이라면 웅웅다는 소리만 듣고도 곤충이 얼마나 빨리 그리고 얼마나 많이 날개를 움직이는지 알 것이다.

벌꿀을 넣은 생강 과자 만들기

재료 :

밀가루 280g

버터 200g

설탕 120g

소금 약간

생강 설탕 절임 100g

마른 생강 한 숟가락

생강 1–2cm 간 것 (꼭 필요하지는 않음)

꿀 다섯 숟가락

요리 방법 :

• 꿀을 제외한 모든 재료를 합해서 재빨리 반죽한다.

• 지름 6cm 정도의 둥근 덩어리를 만들고 은박지로 말아 몇 시간 동안(하루 정도가 좋다.) 냉장고에 넣어 둔다.

• 차갑게 식은 반죽을 5mm 정도의 두께로 썰고, 유산지를 깐 틀에 놓는다.

• 180도에서 5분 정도, 오븐에 굽는다.

• 구운 과자를 식힌 후, 꿀을 발라 두 개씩 붙인다.

(조피아 루쥐츠카의 《과자 ABC 알파벳 케이크》중에서 발췌)

꿀 한 숟가락

꿀 한 숟가락을 얻으려면 4마리에서 7마리의 꿀벌들이 채집 벌로 사는 내내 일해야 한다.(그림 3을 보세요.)

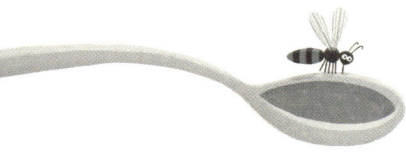

대륙으로 온 꿀벌

꿀벌은 호주와 북아메리카 지역에선 살지 않았다. 유럽에서 온 이주민들이 꿀벌을 전파하였다. 유럽에는 먼 옛날부터 여러 종류의 꿀벌들이 살고 있었다. 남아메리카에도 다양한 꿀벌들이 살기는 하였는데, 마야 인만이 양봉을 하였다. 마야 인들은 아주 작은 벌인 멜리포나 벌을 길렀다. 멜리포나 벌은 마야 인에게 꿀만을 주었는데, 왜냐하면 멜리포나 벌은 침이 없는 꿀벌이었기 때문이다.

감로

감로(그림 29를 보세요)는 날씨에 영향을 받는다. 기온이 낮고 습한 새벽, 아주 잠깐 동안, 작은 곤충들이 감로를 뱉어 낸다. 하지만 벌집의 벌들이 3~4일 정도 일하면 여러 병의 '감로 꿀'을 만들 만큼 감로를 충분히 모을 것이다.

벌들의 춤

그림 5에서 벌들이 춤으로 의사소통하는 것을 보았다. 하지만 벌들은 꽃을 발견했을 때만 의사소통하는 것은 아니다. 만약 벌집에 해로운 물질이 들어오면 꿀벌들은 서로 경고하면서 주의하라는 춤을 춘다. 이때는 지그재그나 나선 모양으로 걸으며 배를 흔든다. 또한, 일벌이 몸이 더러워져서

몸을 씻어야 할 때는 다른 벌들의 도움이 필요하다. 이때, 한 발에서 한 발씩 몸의 중심을 옮기며 배를 양쪽으로 흔들거나 위로 올린다. 청소의 춤이라고도 불린다. 그럼 춤추는 벌과 가장 가까이 있는 벌이 다가가 도움을 베푼다. 벌은 춤을 멈추고 날개를 펴선 씻어 달라고 몸을 맡긴다. 회전의 춤, 기쁨의 춤으로 알려져 있는 춤은 배를 위아래로 빨리 흔드는 춤이다. 이 춤을 출 땐 자주 다른 벌의 앞발을 맞잡는다. 회전의 춤은 일벌들에게 식량을 모으는 최적의 시기를 알린다. 이밖에 분봉을 할 때 새 집의 위치도 춤으로 알리고 새 여왕벌을 맞이할 때도 춤으로 환대한다.

벌집으로 공격!

중세에 꿀벌은 전쟁의 무기로도 쓰였다. 성채가 포위되었을 때, 성을 수비하는 사람들이 성 위에서 침략자들에게 벌통을 던졌다. 성난 벌들은 기마대에게도 무서운 존재였다. 벌에게 쏘인 말들은 아파서 기사들의 말을 더 이상 듣지 않았기 때문이다.

꿀이 흐르는 나라

성서를 보면 꿀은 특별한 식량이라고 적혀 있다. 이스라엘 민족에게 신이 약속한 땅을 '젖과 꿀이 흐르는 나라'라고 묘사한 것은 풍요에 대한 암시일 테다. 구약에서도 꿀은 물과 불, 철, 소금, 밀가루, 우유, 와인, 올리브유와 옷가지와 함께 '인간에게 필수적인 것'이라고 적혀 있다. 성서에 등장하는 삼손과 벌과의 에피소드도 있다. 삼손은 가는 길에 사자를 만난다. 사자는 자기가 만난 사람이 힘 센 삼손인지도 모르고 삼손을 공격한다. 삼손은 맨손으로 사자를 때려잡고는 죽은 사자를 길가에 두었다. 그 후 다시 그곳을 지나게 된 삼손은 죽은 사자 옆에 벌집이 생긴 것을 보고 약간의 꿀을 떠서 부모님에게 가져다 드린다는 이야기이다.

꿀벌은 여자일까, 남자일까?

옛날 사람들은 꿀벌이 여자인지, 남자인지 정의하는 데 골치를 겪었다. 기원전 4세기에 철학자 아리스토텔레스는 벌집에서 가장 중요한 것이 여왕벌이라는 것을 알았지만, 여왕벌이 알을 낳는다는 사실은 몰랐다. 그래서 여왕벌이 아닌 왕벌이라 생각하고, 이를 '지배자'라고 이름 지었다. 일벌들에 대해서는 뭔가 의심스러웠다. 아이들을 기르고 벌집을 관리하는 모습은 아무래도 여자로 보였다. 하지만 무기(침)를 가지고 있다는 것은 아무래도 남성의 특징처럼 보였다. 고대 중국의 학자들도 비슷한 오해를 하고 있었다. 여왕벌을 남자인 '왕'으로 보았고 수벌은 여자 벌로 보았다. 중국 학자들은 수벌이 꿀과 꽃가루를 모으러 다니지 않아서 가정에서 아이를 돌보는 여자와 같은 성별의 벌로 보았던 것이다.

꿀벌의 비행

봄이 되어 따뜻해지면 꿀벌들은 새해 첫 비행에 나선다. 30분 정도 걸리는데, 사실 이 비행의 목적은 똥을 싸기 위해서다. 벌집에서는 똥을 쌀 수가 없으니, 겨울 내내 참을 수밖에 없던 것이다.

그림 19

물물 교환

수천 년 전에 사람들은 곰과 비슷한 방법으로 꿀을 얻었어요. 나무 위에서 야생 꿀벌들이 사는 구멍을 발견하면 나무를 타고 올라가 벌집을 꺼내 부숴서 꿀을 얻었지요. 곰들은 지금도 이러한 방식으로 꿀을 얻어요. 하지만 사람들은 더 이상 곰처럼 꿀을 얻지 않았어요. 2천 년 전부터 사람들은 벌집을 파괴하지 않고 꿀벌이 꿀을 만드는 데 도움을 주려고 노력했어요. 어떻게 했냐고요?

사람들은 숲에 가서 나무 높이 올라 벌들이 들어와 살 수 있는 구멍을 냈어요. 숲에서 양봉을 시작한 것이에요. 누가 꿀을 훔쳐 가지 못하도록 꽤 높은 나무에 구멍을 냈어요. 구멍의 바깥 너비는 약 10cm 정도인데, 안쪽으로 들어가면 30cm가 넘었어요. 깊이는 약 35cm 정도였어요. 주로 소나무와 참나무 중에서 나무 둘레가 굵은 나무를 찾아 구멍을 내었어요. 입구는 나무토막으로 가렸지만 벌들

들어갈 수 있도록 일부는 열어 두었어요. 양봉가들은 나무에 자신의 벌집 표시를 했어요. 나무 위에 올라갈 때는 끈을 묶어 가며 올라갔지요. 앉는 자리와 발을 둘 수 있는 자리도 나무판과 끈으로 만들었고요. 양봉가들은 벌집에서 꿀을 다 가져오지 않았어요. 벌집을 파괴하지도 않았고요. 덕분에 벌 가족은 계속 그곳에서 다음 해까지 꿀을 만들어 냈어요. 숲에서 벌을 위협하는 건 곰이었어요. 하지만 곰이 나무에 올라 구멍에 손을 넣으려면 앞을 가린 나무토막을 치워야 했어요. 나무토막은 추처럼 움직이게 해 둬서 치워도 다시 제자리에 돌아와 침입자를 쳤어요. 결국 곰은 나무토막에 연거푸 맞아서 나무에서 떨어지고 말았답니다.

양봉가들의 법

옛날부터 꿀과 밀랍을 귀하게 여겨서 꿀벌을 기르는 양봉가들은 대접을 받았어요. 또한, 사람들은 양봉가가 정직하고 착하지 않으면 꿀벌들이 죽는다고 믿었어요. 그래서 양봉가라면 성품이 좋을 거라고 여겼지요. 만약 양봉가끼리 다툼이 생기면, 양봉 법정에서 그 시비를 가렸는데 법정의 판결은 엄격했어요. 사형을 선고할 수도 있었으니까요. 꿀을 훔친 양봉가는 무조건 사형 선고를 받았어요. 꿀을 처음 훔친 양봉가에겐 교수형이 처해지지만, 여러 번 꿀을 훔쳤다면 끔찍하고 잔혹한 벌이 기다리고 있었지요. 배를 갈라 고통 속에 죽게 하는 벌이었어요. 꿀을 훔친 일로 사람만 죗값을 치른 것은 아니에요. 곰이 꿀을 훔

치다가 나무토막에 맞아 나무에서 떨어졌을 때, 바닥에 부드러운 이끼가 깔려 있었다면 곰은 운이 좋은 것이에요. 왜냐하면 양봉가들이 벌집이 있는 나무 아래에 뾰족한 나뭇가지를 심어 두었으니까요. 양봉가는 숲에 꿀을 가지러 왔다가 곰의 털가죽과 고기도 함께 얻어 갔답니다. 세월이 흐르며 숲은 점점 개간되고 밭이 들어섰어요. 벌을 숲이 아닌 집 근처에 벌통을 두고 기르는 일도 많아졌고요. 숲에서 하는 양봉은 먼 과거의 일이 되어서 이젠 숲에서 양봉가를 만나는 일이 곰을 만나는 일만큼 힘들어졌답니다.

벌통의 구조

오늘날의 벌통은 작은 집 모양이에요. 벌들은 춥거나 비를 맞는 걸 좋아하지 않아요. 그래서 지붕(1)과 벽(2)이 필요해요. 벌통의 벽은 면화나 스티로폼, 지푸라기를 넣어서 단열(3)이 되도록 했어요. 덕분에 벌통의 가운데 부분은 겨울에도 34도를 유지할 수 있어요. 이러한 구조는 벌통이 여름에 너무 더워지는 것도 예방한답니다. 벌통에 사는 식구들은 출입구(4)를 통해 벌통으로 들어오고 나가는데, 출입구는 환기의 역할도 해요. 가끔 꿀벌들은 날아가기 전에 출입구 앞에 늘어서서 날개를 마구 움직이며 바람을 불러일으키기도 합니다. 꿀벌들은 나무로 만든 틀(5)에 붙은 벌판(6)에 벌집을 만들어요. 벌판은 밀랍으로 만

꿀 육각형 무늬의 평평한 판이에요. 벌판은 쉽게 꺼낼 수 있고(7) 꿀을 훑어 낼 수 있어요. 벌판을 보면 벌 가족에게 무슨 일이 일어나고 있는지 알 수 있어요. 벌판 사이에는 나무나 금속으로 만든 격왕판(8)이 있어요. 덕분에 일벌들이 벌집 사이 를 편하게 돌아다닐 수 있지요. 벌집은 계절에 따라 다르게 꾸밀 수 있어요. 채 집 벌들이 가장 많이 일하는 봄과 여름에는 출입구를 크게 만들고 위쪽에 벌판 을 많이 만들어서 꿀을 저장할 수 있게 해 줘요. 겨울엔 출입구를 좁혀서 찬바람 을 막는답니다.

그림 22

양봉 복장과 도구

양봉을 할 때는 벌침을 막는 특수복을 입어야 해요. 천연 섬유로 된 위아래가 붙어 있는 옷(1)이 가장 좋아요. 합성 섬유로 된 옷은 정전기가 잘 일어나서 꿀벌들을 겁줄 수 있어요. 꿀벌들은 곰을 연상시키는 털이 북슬북슬한 옷을 좋아하지 않아요. 머리와 목은 망이 달린 모자(2)로 보호하고, 손은 두꺼운 장갑(3)으로 보호해요. 옷은 양말과 장갑 속에 꼭 넣어서 벌이 들어올 틈을 만들지 않도록 해야 해요. 양봉을 할 땐 특별한 도구가 필요해요. 훈연기(4)는 연기를 낼 때 쓰는 도구예요. 바닥에 톱밥이나 나무 조각, 마른 약초를 넣고 태우면 연기가 나와요. 꿀벌들은 연기 때문에 냄새를 잠시 맡지 못해요. 그래서 호위 벌

들이 뿜어내는 경고 물질을 알아차리지 못해, 벌통을 여는 사람을 공격하지 못해요. 양봉가는 하이브툴이란 끌개(5)로 벌판(6)과 격왕판(7)을 분리해요. 벌판에 있는 꿀벌들을 부드러운 솔(8)로 떼어 낸 후에, 수벌 포크(9)와 내검칼(10, 11)로 벌집의 방을 잘라 방 안에 있는 꿀을 들어내요. 틀은 채밀기(12)에 넣고 빙빙 돌려요.

그럼 벌집에 남은 꿀이 흘러 나와요. 이렇게 얻은 벌꿀은 체에 걸러(13, 14) 벌집의 방 조각들을 걸러 내고 커다란 통에 합쳐요.(15, 16) 꿀이 다 빠진 벌집은 다시 벌통에 넣거나 녹여서(17) 밀랍을 얻어요. 빈 틀에 새 벌판을 넣고 달군 매선기(18)로 틀의 철선을 눌러 주면 튼튼한 새 벌판 완성!

양봉 작업

양봉가는 단지 꿀을 모으는 일만 하지 않아요. 꿀벌들의 정성스러운 보호자이기도 하지요. 양봉가는 꿀벌들이 바람이 잘 통하는 깨끗한 집에서 살 수 있도록 해 줘야 해요. 벌 가족이 뭘 하는지 살펴보고, 때마다 남은 꿀을 저장하고, 새 애벌레를 키울 수 있는 새 틀도 제때 마련해 주고요. 수시로 꿀벌의 상태와 행동을 파악해서 아픈 곳이나 불편한 곳이 없는지 알아야 해요. 봄이 오면 양봉가는 마치 의사처럼 벌통의 소리에 귀를 기울여요. 출입구에 특수한 파이프를 달아 소리를 듣지요. 조용한 날개 소리는 벌들이 잘 지낸다는 뜻이에요. 요란하게 웅웅대면 먹이가 부족하다는 신호일 수 있고, 무덤 같은 침묵은 벌

가족이 겨울을 버티지 못했다는 뜻이지요. 여름이 끝나갈 무렵, 양봉가는 요리사가 되어요. 일벌들이 겨울을 날 수 있게 설탕물을 만들어 줘요. 필요한 경우에는 영양가 많은 벌꿀과 설탕, 꽃가루로 만든 '꽃가루빵'을 꿀벌에게 먹이기도 해요. 양봉가는 꿀벌의 보호자이며 매니저, 운전사이기도 해요.(그림 30을 보세요.) 꿀벌 은 사람과 오랜 시간을 함께 보냈지만, 여전히 야생의 습성이 남아 자기들이 원하는 곳으로 날아가요. 그래서 양봉가들은 꿀벌, 특히 여왕벌이 양봉가의 보살핌에 만족하는지를 신경 써야 합니다. 안 그러면 더 살기 좋은 곳으로 떠나버릴 테니까요.(그림 6을 보세요.)

벌통의 종류

수세기
동안 전 세계에 다양한 모양의 벌통이 만들어졌어요. 가장 단순한 모양은 통나무 벌통이에요. 통나무 조각에 구멍을 뚫어 만들었지요.(그림 19에 나와요.) 나무로 지붕을 얹거나 지푸라기로 따뜻하게 감싸 주기만 하면 되어요. 통나무 벌통은 세워서도(15, 17) 쓰고 눕혀서도(8, 16) 써요. 나무가 별로 없는 지역에선 토기로 벌통을 만들었어요.(2, 3, 7, 10) 지푸라기나 피아자 섬유, 나뭇가지를 엮어서도 벌통을 만들었어요. 유럽은 지푸라기를 엮어 바구니처럼 만든 벌집이 많았어요.(5, 18, 20) 양쪽에 벌들이 드나들 작은 출입구가 있지요. 바스크 지방에선 나뭇가지를 엮은 것에 소똥을 발라 벌통을 만들었어

요. 소똥은 마르면 천연 방수막이 된답니다.(1) 아프리카는 전통적으로 라피아야자 섬유로 짜거나(11) 안을 파 낸 나무토막을 지푸라기로 감싸 벌통을 만들었어요.(9) 야생 꿀벌이 찾아오도록 나무 높이 매달았지요. 나무로 둥근 통 모양(12), 상자 모양(4, 6, 14, 19)의 벌통을 만든 건 비교적 최근의 일이에요. 현대의 벌통은 나중에 꺼낼 수 있는 틀 위에 꿀벌들이 집을 짓게 하지요.(그림 21을 보세요.) 하지만 벌통을 만들 때 가장 인기 있는 재료는 여전히 나무예요. 합성 재료나 금속으로 만든 것들도 쓰이기는 하지만요.(13)

그림 25

조각상 벌통

언제 부턴가 사람들은 독특하고 아름다운 벌통을 만들고 싶었어요. 꿀벌들에게는 널빤지로 만든 집에 사나, 예술 작품 속에 사나 별 차이가 없을 테지만요. 하지만 사람들은 멋지게 조각된 벌통은 장식도 되고, 사람들에게 행운을 가져다준다고 믿었어요. 특히 종교적인 조각품은 나쁜 운으로부터 사람들을 보호해 준다고 믿었어요. 폴란드에서는 특히 사람 모양의 벌통을 많이 만들었어요. 나무로 된 조각품인데, 그 안에 꿀벌이 집을 지을 수 있게 비워 두었지요. 주

로 양봉가들의 수호성인인 암브로시우스 성인(3), 동물들의 수호성인인 프란체스코(9), 예수(1), 천사(7)가 조각의 모델이었어요. 성서에 나오는 아담과 이브(8), 악마(12), 은둔자(5), 군인(10), 산지기(4), 목동(11), 난쟁이(2)도 있어요. 무섭게 생긴 곰 모양의 벌통(6)도 있지요. 벌집에서 진짜 곰을 쫓으려고 무서운 곰의 모습을 한 걸까요? 곰의 배에서 날아오르는 꿀벌의 모습이 인상적이랍니다.

에티오피아

아프리카에서는 지금도 선조들이 했던 방식으로 꿀을 모으는 사람들이 있어요. 에티오피아 사람들은 빈 벌통을 나무 높이 달아, 야생벌을 길러요. 오래 기다릴 필요가 없어요. 왜냐하면 아프리카에 사는 꿀벌들은 살던 곳을 자주 바꾸거든요. 그래서 꿀벌을 기르는 건 어렵지 않아요. 하지만 꿀을 얻을 때가 어려워요. 아프리카 벌들은 공격적이에요. 적극적으로 자신의 무리를 보호해요. 아마 그간의 경험 때문일 거예요. 사람들이 수천 년 동안 벌통을 약탈하고 벌집을 망가뜨렸으니까요. 에티오피아 사람들은 벌에게 쏘이지 않으려고 벌들이 잠든 한밤중에 꿀을 얻으러 갑니다.

카메룬

카메룬에서는 좀 특이한 방법으로 꿀을 얻어요. 먼저 벌이 싫어하는 성분이 들어 있는 나무껍질로 온몸을 감싸요. 그리고 높은 나무 위에 라피아야자 나무로 발판을 만들어서 올라가요. 멀리서 보면 이상하게 생긴 짐승이 나뭇가지 위로 오르는 것처럼 보일 거예요. 카메룬 사람들은 나무 위로 올라 도끼로 나무 구멍을 쪼개요. 벌집을 꺼낼 수 있을 만큼 크게 구멍을 낸 후, 벌집을 꺼낸답니다. 에티오피아 사람들과 마찬가지로 카메룬 사람들도 꿀벌 애벌레를 먹어요. 영양가 높은 음식이라면서요.

그림 28

아시아

아시아 남쪽에 자이언트 꿀벌이라 불리는 벌이 있어요. 자이언트라고 해서 정말 엄청나게 큰 꿀벌을 기대했지요? 하지만 자이언트 꿀벌은 몸길이가 2cm를 넘지 않아요. 그래도 유럽 꿀벌보다는 분명 크지요. 자이언트 꿀벌의 집은 길이가 1m가 넘고 몇 십 kg의 꿀을 품고 있는 커다란 한 판으로 되어 있어요. 자이언트 꿀벌의 집은 보통 나뭇가지나 암벽에 붙어 있는데 특이하게도 벌통 바깥쪽을 어른 벌들이 겹겹이 둘러싸고 있어요. 왜 그러냐고요? 벌통을 추위로부터 보호하고 꿀을 채집하는 사람들에게 지키려고요. 자이언트 꿀벌들은 절대 벌집 안에 숨지 않아요. 그래서 꿀을 채집하는 사람들에게 목숨을 종종

어요. 수세기 동안 벌꿀 채집가들은 목숨을 걸고 자이언트 꿀벌의 꿀을 채집했어요. 높은 나무와 암벽에 줄을 타고 내려가거나 사다리를 타고 올라, 연기로 벌을 쫓아내고 벌집을 뜯어냈어요. 자이언트 꿀벌의 꿀을 얻는 유일한 방법이에요. 자이언트 꿀벌은 길들일 수 없어요. 벌통에 들어오려고 하지 않는 것만이 아니라,

계절마다 철새들처럼 이동을 하니까요. 장마철이 오기 전에 살던 집을 버리고 꽃이 잔뜩 피는 곳으로 날아가요. 200km가 넘는 거리를 먹을 것을 찾을 때만 빼고 계속 날아가지요. 그러고는 장마철이 끝나면 다시 돌아옵니다.

꿀벌이 좋아하는 식물

피나무, 오렌지 나무, 전나무, 아카시아, 붉은토끼풀, 마가목, 들갓, 캐러웨이, 칼루나, 수레국화, 양파, 오레가노, 버드나무

꿀벌 이 단물을 빨아 오는 식물을 밀원이라고 해요. 밀원은 아카시아나 피나무처럼 나무도 되고, 유채꽃이나 메밀꽃과 같은 꽃도 되지요. 누가 씨를 뿌리고 가꾸지 않는데도 잘 자라는 잡초들도 꿀벌들이 좋아하는 밀원이에요. 미역취는 야생 잡초인데 단물이 많아 꿀벌들이 아주 좋아해요. 흰전동싸리와 오레가노도 마찬가지예요. 약 10,000㎡의 밭에 심으면 단물을 500kg이나 얻을 수 있답니다. 오레가노는 축구장에 가득 심음, 양쪽 팀의 선수들이 꿀이 가득 들은 꿀병을 10병씩 가져가고도, 심판과 후보 선수들까지 나눠 가질 만큼 단물이 많아요. 뉴질랜드에선 마누카 꽃 덕분에 마누카 꿀이 유명하지요. 미국은 튤립나

구에서 벌들이 단물을 채집해요. 호주에서는 유칼립투스 꿀이 유명하고, 우리나라는 아카시아 꽃이 유명해요. 진달래나 장지석남에 든 단물은 사람에겐 독이 되는 성분이 들어 있어요. 물론 꿀벌들에겐 해가 안 되지요. 진딧물이나 깍지벌레처럼 작은 곤충이 만드는 끈끈한 배설물인 감로로 꿀을 만들 수도 있어요. 전나무나 가문비나무에 특히 이런 감로가 많아요. 꿀벌들은 감로를 모아 감로 꿀을 만들어요. 자연엔 쓸모없는 것이 하나도 없다는 말이 충분히 이해가 되지요?

벌통의 이동

꿀벌들은 벌통에서 2~3km 정도 떨어진 꽃에게서 꿀과 꽃가루를 모으는 게 좋아요. 아니면 비행이 너무 오래 걸려 힘들거든요. 그런데 어떤 꿀벌 가족들은 매년 수천 km를 이동한답니다. 미국에선 커다란 트럭에 벌통을 싣고 고속도로를 달려요. 남쪽에서 북쪽으로 이동하는 것이지요. 왜 그러냐고요? 미국은 워낙 땅이 커서 지역마다 기온 차이가 커요. 그래서 꽃이 피는 시기도 역마다 달라요. 양봉가들은 꿀벌이 든 벌통을 갖고 이른 봄에 플로리다의 오렌지 밭과 캘리포니아의 아몬드 농장에 가서 꿀을 채집해요. 그러고는 몇 달 동안 과 농장, 멜론 농장, 호박 농장, 블루베리 농장과 토끼풀 밭을 순회합니다. 북쪽

으로 이동하면서요. 양봉가들은 이때 꽃을 수정한 대가로 농장에서 큰돈을 받아요. 아몬드 꽃이 피는 4월이면 벌통 하나를 빌리는 값이 150달러에 달해요. 우리 돈으로 약 17만원이지요. 사실 벌통을 가지고 이동하는 건 고대 이집트 때에도 있었어요.(그림 12를 보세요.) 나일 강 위에 벌통을 올려놓은 배를 띄우고 이집트 남부에서 북부로, 꽃이 피는 걸 따라갔어요. 우리나라는 봄, 여름, 가을에 피는 꽃이 달라요. 그래서 우리나라 토종벌은 꽃을 따라 이동하기보단 계절마다 다른 꽃의 단물을 모아 꿀을 만든답니다.

꿀을 만드는 방법

일벌들은 벌집의 천장에 매달려 있어요.

일벌들은 잎에서 감로를 얻어요.

벌집 안에서 다른 일벌이 채집 벌이 모아 온 단물을 입으로 전해 받아요.

채집 벌들은 꽃에게서 단물을 채집해요.

일벌들은 단물을 벌집의 방에 넣어 둬요.

곰돌이 푸우는 꿀벌들이 자길 위해 꿀을 만든다고 해요. 꿀벌은 자기들을 위해 꿀을 만들어 저장하는 것인데도 말이에요. 꿀은 오래 놔둬도 상하지 않아요. 그래서 진귀한 것이지요. 채집 벌들이 배 속에 모아 온 단물과 감로를 일벌에게 전하면, 일벌은 침과 섞어 배 속에 저장해요. 그러고는 벌집의 방 안에 뱉어 둡니다. 그래요. 우리가 맛있게 먹는 달콤한 꿀은 벌이 먹었다가 뱉어 만든 것이에요. 일벌들은 날개를 열심히 움직이며 건조한 공기를 순환시켜요. 벌집의 방에서 물은 증발하고 꿀은 숙성되어요. 숙성된 꿀은 더 이상 상하지 않아요. 왜냐하면 설탕이 물보다 많고, 무엇보다 박테리아와 곰팡이가 자라지 못하게 하는 성분이 들어 있거든요. 박테리아에 저항하는 꿀의 효능 덕분에 꿀은 수천 년 전부터 약으로 썼어요. 상처를 꿀로 문지르면 빨리 낫고 감염도 방지해요. 박테리아를 죽이는 성질은 프로폴리스에도 있어요. 프로폴리스는 꿀벌들이 나무나 꽃, 풀에서 나온 수지에 자신의 침과 분비물을 섞어 만든 물질이에요. 꿀

일벌들의 체온이 오르며 배에서 밀랍이 만들어져요.

일벌들은 여왕벌이 될 애벌레들에게 로열 젤리를 줘요.

채집 벌들은 꽃가루를 갖고 벌집으로 돌아와요.

채집 벌들은 꽃가루를 옮기며 꽃의 수정을 도와요.

일벌들은 벌집의 방에 꽃가루를 가져다 둬요.

벌들은 프로폴리스로 벌집을 막고, 틈새를 채워요. 밀랍은 벌집의 방을 만드는 데 쓰이는 재료예요. 일벌들의 배에 있는 특별한 호르몬 때문에 만들어져요. 밀랍은 꿀벌만이 아니라 사람에게도 요긴했어요. 초를 만들고 틈새를 매우는 데도 쓰였죠. 오늘날에도 밀랍은 화장품 재료 중의 하나랍니다. 벌은 꿀만 먹고 사는 것은 아니에요. 채집 벌들은 벌통으로 단백질이 많은 꽃가루를 가져와요. 일벌들은 자기 침과 꿀을 꽃가루에 섞은 후, 방을 단단히 막아요. 마치 단지에 든 오이지처럼, 꽃가루는 그 안에서 발효가 되어요. 하지만 무엇보다 가장 영양가 많은 것은 일벌의 목에 있는 갑상선에서 분비되는 로열 젤리예요. 어린 애벌레들이 로열 젤리를 먹고 자라는데, 여왕벌이 될 벌이 다른 애벌레보다 로열 젤리를 더 많이 먹어요. 로열 젤리는 화장품을 만들기도 하고, '만병통치약'으로 쓰이기도 합니다. 아직 과학적으로 로열 젤리가 만병을 치료한다고 밝혀지진 않았지만요.

꿀로 만든 음식들

꿀은 식물에 따라 독특한 맛과 향이 나고, 색깔도 달라요. 메밀 꿀은 어두운 색깔에 약간 톡 쏘는 깊은 맛이 있어요. 아카시아 꿀은 밝은 노란색이고 부드러운 맛이에요. 라벤더나 칼루나 꿀에서는 꽃향기가 느껴지고, 양파 꿀은 숙성되면서 양파 냄새가 사라져요. 꿀은 술로도 만들어 마셨어요. 꿀로 만든 술을 밀주라고 해요. 밀주는 아주 옛날부터 있었어요. 물과 꿀을 섞어 몇 개월에서 몇 년을 숙성시키면 밀주의 독특한 맛이 나지요. 세상에서 가장 비싼 꿀은 뉴질랜드에서 자라는 마누카 덤불의 꽃으로 만든 마누카 꿀이에요. 마누카 꿀 500g의 가격이 5만원이 훌쩍 넘는답니다. 꿀은 서양이든 동양이든 진귀한 것이었어요. 우

라에선 꿀이 귀한 약재로 쓰였어요. 서양에선 축제 날 요리에 꿀이 꼭 들어갔어요. 크리스마스에 생강으로 빵과 과자를 구울 때면 꿀을 꼭 넣었어요. 몰타에선 넛 모양의 꿀 빵이 유명해요. 미국과 영국의 전통 요리에는 꿀에 적신 햄도 있어요. 유대인들은 로슈 하샤나라고 불리는 새해맞이 축제 날에 꿀이 들어간 케이크를 구워요. 이집트 인들도 축제 날엔 언제나 꿀과 버터, 깨와 호두가 들어간 빵을 먹었어요. 고대 이집트 때부터 기원한 전통이랍니다. 꿀로 만든 사탕, 아이스크림 등, 이제는 아무 때나 꿀로 만든 음식을 쉽게 먹을 수 있어요. 하지만 꿀의 달콤한 맛은 먹어도 먹어도 질리지 않는답니다.

꿀벌의 적

사람들만 꿀을 좋아하는 것은 아니에요. 곰(7)과 아프리카에 사는 족제비 종류인 라텔(9)도 꿀을 정말 좋아해요. 등의 무늬 때문에 해골박각시(4)라고 불리는 나방도 밤마다 벌통을 찾아다녀요. 짧고 뾰족한 주둥이로 벌통에 구멍을 내고 안쪽에 있는 꿀을 빨아 먹는답니다. 꿀벌부채명나방(6)은 밀랍을 먹고 살아요. 꿀벌부채명나방은 벌통에 수백 개의 알을 낳아요. 애벌레들이 벌통 위에서 태어나면 벌집을 먹어 치워요. 꿀벌부채명나방 애벌레들이 밀랍을 정말 좋아하거든요. 밀랍과 꿀벌 애벌레는 벌꿀길잡이새(2)가 좋아하는 먹이에요. 벌꿀길잡이새는 아프리카에 사는데, 사람에게 날아가 노랫소리로 주의를 끌어서 사람들을 야생벌들의 벌통으로 인도해요. 그럼 사람이 연기로 벌들을 쫓아 버리고 벌통을 열어 꿀을 가져가고, 남은 꿀을 벌꿀길잡이새가 먹지요. 이러한 협력 관계는

몇 만 년이나 되었답니다. 붉은벌잡이새는 이름처럼 벌을 좋아해요. 애벌레만이 아니라 벌들도 먹어요. 유라시아청딱따구리(5)는 벌통을 겨울철 식량 저장고처럼 써요. 배가 고플 때마다 튼튼한 부리로 쉽게 벌집의 벽을 뚫고 벌을 잡아먹어요. 많은 동물들이 벌통의 출구 앞에서 기다리면(그림 21을 보세요.) 일벌을 한 마리씩 잡을 수 있다는 걸 알고 있어요. 이러한 방법으로 너구리(13), 주머니쥐(1), 스컹크(11), 두꺼비(8), 박새(12)가 벌을 잡아요. 게거미(10)는 꽃에 숨어 벌을 기다려요. 말벌(3)도 벌을 잡아먹어요. 어떤 동물들은 벌통에 숨으러 오기도 해요. 개미들이 들어오기도 하고, 겨울에는 쥐와 땃쥐(14)도 들어올 때가 있어요. 초대하지 않은 손님들은 벌통을 어지럽히고 망가뜨린답니다.

벌침

벌침은 암벌에게만 있어요. 여왕벌과 일벌들만 가지고 있지요.(그림 2를 보세요.) 여왕벌은 집안을 다스리는 권력 다툼에서 다른 여왕벌을 죽이는 데 침을 써요. 보호를 위한 무기로 침을 쓰는 것은 일벌이에요. 일벌이 사람이나 커다란 동물에게 침을 쏘면, 침과 함께 몸속의 내장이 빠져나가요. 침을 쏜 일벌은 곧 죽어 버리지요. 보통 일벌들은 벌통이 위험에 처했을 때, 침을 쏴요. 가족을 위해 목숨을 바치는 거예요. 사람은 벌침에 쏘여도 크게 위험하지 않아요. 벌이 갖고 있는 독에 알레르기가 있는 사람이나, 목이나 혀에 침을 쏘여 숨쉬기 어려운 때를 제하고는요. 사람들은 침에 쏘였을 때, 증상을 낫게 하려고 여러 민간요법을 썼어요. 벌침을 맞은 자리에 양파나 마늘 썬 것을 붙이거나, 파슬리나 파파야를 잘라 붙였어요. 통증이 심한 곳에 꿀을 바르거나 식초와 소다를 섞은 치으

을 바르기도 했어요. 얼음찜질을 하거나 질경이 잎, 알로에 잎, 담뱃잎을 붙이기도 했어요. 미국의 의사 칩 브랜틀리는 어떤 민간 요법이 가장 효과가 있는지 알아보려고 일부러 벌에 쏘였어요. 가장 효과가 좋았던 것은 얼음과 치약이었대요. 따라 하지는 마세요. 기네스북을 보면 세상에서 가장 벌에 많이 쏘인 사람이 짐바브웨 공화국의 요하네스 릴레케예요. 1962년에 야생벌의 공격을 받고 몸에서 2,443개의 벌침을 제거했지요. 다른 기록은 2012년에 중국인 루안 량밍이 몸 위에 여왕벌들을 올려놓고 수만 마리의 벌들을 불러들였어요. 벌들의 무게는 전부 합해 62kg이나 되어서 기네스북 기록을 경신하고, 벌들을 몸에 올린 채로 52분 34초를 버텨서 벌을 붙이고 오래 버틴 사람으로 새 기록을 또 세웠답니다.

그림 35

멸종 위기

현대식 농업은 벌에게 좋지 않아요. 벌이 살기 좋은 환경은 다양한 작물과 꽃들이 있는 거예요. 하지만 현대식 농업은 넓은 땅에 한 종류의 식물만 길러서 벌들이 좋아하는 환경과는 거리가 멀지요. 아무리 벌이 좋아하는 밀원 식물을 기른다고 해도, 일년에 꽃이 피는 몇 주에만 꿀을 딸 수 있어요.

또 다른 문제는 살충제예요. 살충제는 작물을 해치는 벌레들을 죽이려고 논밭에 뿌리는데, 벌도 곤충이어서 살충제의 피해를 볼 수밖에 없어요. 몇 년 전부터 양봉가들은 벌이 몰살당하는 일이 많다고, 여러 차례 문제의 심각성을 이야기했어요. 벌통에서 벌들이 한꺼번에 없어지거나, 죽는 일들이 곳곳에서 벌어지는데, 왜 이

런 일이 일어나는지 이유는 정확히 알 수 없어요. 과학자들은 살충제나 벌 무리에 유행하는 질병이나 기생충 때문이라고 짐작하고 있어요. 꿀벌의 멸종 위기는 지구 전체의 문제이기도 해요. 벌이 식물 대부분의 수정을 담당하고 있으니까요. 꿀벌이 없어지면 어떻게 될지, 중국 시추안에 있는 마오 마을을 보면 알 수 있어요. 마오 마을에선 몇 년 동안 살충제를 써서 벌을 비롯한 곤충 대부분이 죽었어요. 꽃을 수정할 곤충들이 사라져 버리자 사과꽃이 필 무렵이면 사람들은 벌 대신 나무에 올라 특수한 붓으로 꽃들을 일일이 수정을 해 주어야 한답니다.

도시 양봉과 곤충 호텔

예상과 달리, 도시는 벌과 곤충들이 살기 좋은 곳이에요. 곳곳에 공원이 있고, 정원에 여러 종류의 꽃들이 자라고 있거든요. 봄부터 가을까지 언제나 무언가가 꽃피고 있어요. 가로수들도 점점 많아졌어요. 도시에서는 밭에서보다 훨씬 적은 살충제를 써요. 문제는 어디에 벌통을 두냐는 것이에요. '우리는 집 근처에 빈 공터가 없는데.' 하고 걱정하지 마세요. 도시에선 벌통을 건물 옥상에 두면 되니까요. 프랑스에는 파리 오페라 극장 옥상에 벌통이 있고요, 폴란드에는 문화 과학 궁정 꼭대기와 바르샤바의 쇼핑센터와 호텔 옥상에 벌통이 있답니다. 우리나라에선 서울 시청 옥상에 벌통이 설치되었지요. 또, 도시에 곤

충 호텔이 지어지고 있어요. 곤충 모양의 호텔이 아니라 곤충이 머무는 호텔이에요. 야생의 곤충들이 겨울을 안전하게 지낼 수 있는 곳이지요. 곤충을 위한 호텔을 만드는 일은 어렵지 않아요. 곤충들이 좋아하는 재료를 모아 지붕만 얹으면 되니까요. 혼자 사는 뿔가위벌은 갈대 속이나 대나무 속을 좋아해요. 구멍이 뚫려 있는 나무토막이나 벽돌도 좋지요. 무당벌레와 꽃등에와 다른 벌목과의 곤충들은 솔방울이나 잘린 나뭇가지 안을 좋아해요. 마른 지푸라기는 풀잠자리들이 좋아하고요. 곤충들은 꿀벌처럼 꿀을 만들어 주지 않지만, 도시 정원의 여러 식물들을 수정해 준답니다.

재미있는 꿀벌 이야기

봉침

벌침의 독은 고대 이집트 인, 그리스 인, 중국인들이 의학에 이용했다. 환자를 봉침에 쏘이게 하는 치료법은 무엇보다 관절 염증에 효과가 있다고 알려져 있다. 봉침은 현대의 의사들도 치료법의 하나로 쓰고 있다. 일부 환자는 정말 낫는 것처럼 보이는데, 전문가들은 봉침이 아플 뿐만 아니라, 염증을 가져올 수도 있고, 목숨을 위협하는 알레르기 반응도 있을 수 있으니 조심해야 한다고 말한다. 봉침 치료를 할 때는 벌에게 다가갈 때처럼 신중하고 조심스럽게 접근해야 한다.

먹보 꿀벌

벌들이 만드는 꿀의 대부분은 사실 양봉가보다 꿀벌들이 먹는다. 꿀벌 한 가족은 1년 동안 70~110kg의 꿀과 17~35g의 꽃가루를 먹는다. (그림 31을 보세요.)

커피 한 잔 꿀 한 컵

사람들이 일을 할 때 커피 한 잔을 마시면 집중력이 좋아진다. 벌들에게도 마찬가지다. 커피에 들어 있는 각성 성분인 카페인은 커피나무나 레몬 나무 꽃의 단물에도 들어 있다. 과학자들의 조사에 따르면 식물의 단물에 카페인이 조금이라도 있으면, 꿀벌들이 그 단물을 가진 식물을 더 잘 기억한다고 한다. 즉, 꿀벌들은 카페인이 들어 있는 꽃에 더 자주 올 테니, 카페인 성분을 가진 식물의 수정 확률이 높지 않을까?

꿀벌 로봇

전 세계 과학자들은 지금 곤충처럼 작은 크기의 꿀벌 로봇 개발에 열중하고 있다. 선두를 달리는 건, 하버드 대학의 연구팀이다. 하버드 대학의 '로보비'는 땅에서 날아올라 작은 날개를 1초에 120번 펄럭인다. 미래의 꿀벌 로봇은 살아 있는 꿀벌과 비슷한 크기일 것이다. 날개 외에 전자두뇌와 인공 눈을 갖고 있고, 감각 기관으로 모은 정보를 축적하는 기관이 따로 있다. 과학자들은 꿀벌 로봇들이 진짜 꿀벌 가족처럼 식물들과 협력하기를 원한다. 그럼 우리에게 무엇이 좋을까? 꿀은 못 만들겠지만 수정 문제는 해결할 것이다. 이밖에도 꿀벌 로봇은 환경 오염이나 날씨 정보를 얻는 데 도움이 될 것이다. 군사적으로는 스파이로 쓸 수도 있다.

꿀 케이크

재료 :

달걀 큰 것 5개
황설탕 4/5 컵
꿀 1/4 컵
통밀가루 1/2컵
아몬드 플레이크
캐러멜

요리 방법 :

계란에 설탕과 꿀을 넣고 잘 섞어, 진득한 액체를 만든다. 계란을 푸는 도중에 밀가루와 아몬드 플레이크를 넣고 빵틀에 넣어 180도로 예열한 오븐에서 40분 동안 굽는다. 틀 위에서 식힌 후 위에 캐러멜 녹인 것을 붓고 아몬드 플레이크를 뿌린다.

양봉가 셜록 홈스

셜록 홈스는 범죄의 수수께끼를 푸는 유명한 탐정이다. 누구나 알고 있다. 그런데 은퇴 이후에는 무엇을 했을까? 은퇴 후 홈스가 벌을 길렀다는 건 잘 알려져 있지 않다. 벌 기르는 법에 대한 책을 썼는데도 말이다!

여왕벌의 교체

벌 가족에게 여왕벌을 새로 들여야 할 때가 있다. 그때를 위해 양봉가들은 여왕벌을 미리 길러 놓거나, 다른 양봉가에게 여왕벌을 사 온다. 가장 먼저 할 일은 벌통에 옛 여왕벌이 있는지 확인하는 것이다. 옛 여왕벌이 벌통에 있으면 벌 가족들은 새 여왕벌을 받아들이지 않는다. 그래서 양봉가들은 애벌레들이 자라는 방을 다른 벌통에 옮겨서 꿀벌들이 새 여왕벌을 기르지 못하게 하기도 한다. 때로 새 여왕벌은 특수한 상자 안에 넣은 채로 벌통 속에 들어간다. 상자는 딱딱한 설탕 벽으로 입구가 막혀 있다. 꿀벌들은 설탕 벽을 먹어 치워서 여왕벌을 꺼내 준다. 여러 날이 걸린다. 그동안 새 여왕벌은 벌 가족의 새 여왕으로 인정받는다.

꿀 치료

꿀은 아주 오래전부터 약으로 쓰였다. 꿀의 효능은 이미 과학적으로 규명이 되어 있어 의심할 여지가 없다. 물론 몇몇 근거가 충분하지 않은 이야기도 있다. (꿀은 '만능치료약'은 아니다!) 가장 잘 알려져 있는 꿀의 효능은 상처를 치료하는 것이다. 꿀에는 항균 성분이 있는데, 이는 감염을 막아 준다. 이미 4천 년 전에 수메르 인(메소포타미아 지역에 살던 고대인이다.)의 기록에 상처를 꿀로 문지르라는 처방이 적혀 있다. 고대 이집트와 그리스와 인도에서도 이 방법을 썼다. 특별히 소독된 약용 꿀이 지금도 여러 병원에서 효과적으로 쓰이고 있다.

꿀벌은 몇까지 셀 수 있을까?

독일 뷔츠부르크 대학의 한스 교수 연구팀은 꿀벌이 물건 2개가 그려진 그림과 물건 3개가 그려져 있는 그림을 구분한다는 사실을 밝혔다. 놀라운 건 꿀벌이 이러한 경험을 바탕으로 물건이 3개 있는 그림과 4개 있는 그림도 구분한다는 것이다.

꿀벌의 경험

영국 뉴캐슬 대학의 멜리사 교수 연구팀의 실험에 따르면 꿀벌도 사람처럼 경험을 통해 낙관하거나 비관할 수 있다고 한다. 연구팀은 꿀벌에게 특정한 냄새와 함께 단맛과 쓴맛을 맛보게 했다. 그러자 벌들은 단맛을 맛볼 때 맡은 냄새가 나면 혀를 계속 내밀었고 쓴맛을 맛볼 때 맡은 냄새가 나면 혀를 내밀지 않았다. 이후, 연구팀은 실험 벌들 중 절반을 마구 흔들어 스트레스를 받게 하였다. 그러자 스트레스를 받은 벌들은 앞서 맡은 냄새와 전혀 다른 세 가지 냄새를 맡을 때에도 혀를 내미는 횟수가 나머지 벌들보다 현저히 적었다. 이러한 벌의 행동은 연거푸 불운한 상황을 경험한 사람이 비관주의에 빠지는 것과 같은 것이라 본다.

외눈박이 키클롭스를 닮은 벌

1세기에 살았던 로마의 시인 베르길리우스는 '게오르지카'라는 제목의 시집을 냈다. 농업에 대한 시집인데 그중 꿀벌에 대해 쓴 시가 있다. 베르길리우스는 꿀벌이 꿀을 만드는 걸 거인 키클롭스가 번개를 만드는 것에 비교해, 꿀벌에 대한 존경을 표시했다.

꿀벌 VS 코끼리

아프리카에서는 작은 꿀벌들이 커다란 코끼리의 공격을 막는다. 커다랗지만 귀여운 코끼리들은 어디선가 나타나 들판을 짓밟고 애써 기른 농작물을 망쳐 버리기 일쑤였다. 사람들은 코끼리들의 만행을 어떻게든 막으려고 했지만, 커다란 코끼리를 평범한 울타리로 막기는 쉽지 않았다. 그래서 사람들은 새로운 방법으로 울타리를 세웠다. 벌집을 매달아 놓은 막대기로 울타리를 만든 것이다. 벌집은 건너 벌집과 이어져 있다. 만약 코끼리들이 밭에 들어오려고 하면 끈을 건드려 벌집이 흔들릴 수밖에 없다. 그러면 화가 난 벌들은 날아가 무섭게 코끼리를 침으로 쏜다. 코끼리들은 크게 다치지는 않지만, 보통은 밭에 더 이상 들어가고 싶어 하지 않게 된다. 농부는 꿀을 얻을 뿐만 아니라 코끼리도 쫓고, 공짜로 작물을 수정할 수도 있다.

✤✤✤✤✤✤✤✤✤✤✤✤✤✤✤✤✤✤✤✤✤✤✤✤✤✤✤✤✤✤✤

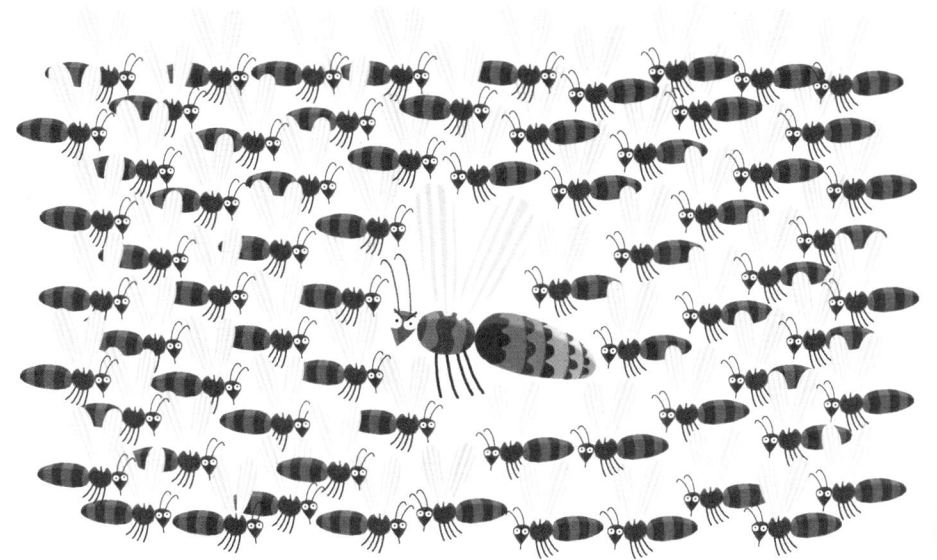

말벌에 대항하는 방법

꿀벌들의 최대의 적은, 몸집이 다섯 배나 큰 아시아 말벌이다. 다른 곤충을 잡아먹는 말벌은 먼저 정찰병을 보내 꿀벌 무리가 어디에 있는지 알아낸다. 꿀벌 무리의 위치를 알게 되면 무서운 말벌 떼가 함께 공격에 나선다. 꿀벌의 침은 말벌에게는 전혀 소용이 없기 때문에 몇 시간이면 벌통에 있는 일벌들을 몰살시킬 수 있다. 말벌들은 꿀을 훔쳐 가고 꿀벌의 애벌레를 새끼들에게 먹인다. 일본과 한국에서 기르는 유럽 꿀벌들은 말벌에 속수무책이지만, 토종벌들은 말벌에 대항하는 방법이 있다. 만약 벌통 근처에 정찰병이 나타나면 일벌들이 정찰병을 온통 에워싸 시끄럽게 윙윙대는 덩어리를 만든다. 일벌의 몸들이 가까이 붙어서 만드는 열은 47도에 달한다. 정찰병은 너무 더워서 죽어 버리고, 다른 말벌들에게 정보를 전할 수 없게 된다.

꽃과의 데이트

쌍잎난초는 수정해 주는 곤충을 초대하는 특이한 식물이다. 곤충들에게 먹을 것을 약속하는 대신에, 데이트를 약속한다. 쌍잎난초의 꽃은 생김새나 냄새가 꿀벌들의 암컷과 비슷하다. 수벌들은 그래서 이 처음 보는 미녀와 안면을 트기 위해 꽃 속에 뛰어들다가, 수정도 하게 된다.

꿀을 먹는 동물, 곰

우리 민족은 예부터 곰을 신성시하였다. 단군 신화에 곰은 인내심이 강한 동물로 인간이 되려고 동굴 속에서 쑥과 마늘만 먹으며 견뎠다고 한다. 곰은 꿀도 좋아하지만 잡식이다. 곤충도 먹고 열매도 먹고, 나무뿌리도 먹는다. 곰은 매우 영리하다. 겨울잠을 자기 전에 나무에서 일부러 떨어져서, 아프지 않은지 살핀다. 겨울잠을 자는 동안 견딜 수 있는 피하 지방이 몸에 충분히 쌓였는지를 알아보려고 일부러 떨어져 보는 것이라고 한다.

바르베리니가의 꿀벌들

바르베리니는 17세기 이탈리아에서 높은 지위에 올랐던 가문이다. 이 가문의 문장에는 세 마리의 꿀벌이 있다. 바르베리니 가문의 가장 유명한 사람은 교황 우르바노 8세다. 우르바노 8세 교황은 조반니 로렌조 베르니니(바티칸 성 베드로 성당 앞의 기둥 광장을 만들었다.)에게 로마에 두 개의 분수를 설계하게 했다. 폰타나 델 레 아피(꿀벌 분수)는 열려 있는 조개 모양인데, 아래쪽 조개껍질은 물을 모은다. 위쪽은 세 개의 리본과 세 마리의 벌들로 장식되어 있다. 두 번째 분수에는 세 마리 꿀벌이 있는 문장이 아래쪽에 있다. 근처에는 베르니니가 설계한 궁정이 서 있는데, 바르베리니 가문의 꿀벌 문장이 가장 화려한 무도회장 천장에 그려져 있다.

보이치에흐 그라이코브스키 글
생물학 의사입니다. 한때 실험 생물학 기관에서 연구원으로 있었습니다. 현재는 실험실에서 교육 연구를 주로 하며 아이들을
위한 워크숍을 진행하고 있습니다. 자연에 대한 시리즈 도서를 공동 집필했습니다.

피오트르 소하 그림
바르샤바의 미술 학교에서 공부했습니다. 오랫동안 폴란드에서 유명한 신문과 잡지에 일러스트와 만화 작업을 했습니다.
그래픽 디자이너이자 일러스트레이터로 유명합니다. 부모님이 양봉을 하셔서 이 책을 만들 수 있었습니다.

이지원 옮김
한국외국어대학교에서 폴란드 어를 공부하고 폴란드에서 어린이책 일러스트레이션의 역사를 연구해 박사 학위를 받았습니다.
현재 학생들을 가르치며 어린이책 연구가로 활동하고 있습니다.
옮긴 책은 〈예술 쫌 하는 어린이〉 시리즈의 《생각하는 건축》《상상하는 디자인》《꿈꾸는 현대 미술》《표현하는 패션》《아이디어 정원》과
《눈》《두 사람》《블룸카의 일기》《알록달록 오케스트라》《색깔 마법사》《또 다른 지구를 찾아서》《주머니 속에 뭐가 있을까》 등이 있습니다.

풀빛 지식 아이 꿀벌

초판 1쇄 발행 2017년 5월 25일 | **초판 5쇄 발행** 2021년 9월 1일
글쓴이 보이치에흐 그라이코브스키 | **그린이** 피오트르 소하 | **옮긴이** 이지원
펴낸이 홍석 | **이사** 홍성우 | **편집부장** 이정은 | **편집** 차정민·이은경 | **디자인** 박두레
마케팅 이송희·이가은·한유리 | **관리** 최우리·김정선·정원경·홍보람·조영행
펴낸곳 도서출판 풀빛 | **등록** 1979년 3월 6일 제2021-000055호
주소 서울특별시 강서구 양천로 583 우림블루나인 A동 21층 2110호
전화 02-363-5995(영업) 02-362-8900(편집) | **팩스** 070-4275-0445
전자우편 kids@pulbit.co.kr | **홈페이지** www.pulbit.co.kr | **블로그** blog.naver.com/pulbitbooks | **인스타그램** instagram.com/pulbitkids

ISBN 978-89-7474-612-4 74490
ISBN 978-89-7474-082-5 (세트)

이 도서의 국립중앙도서관 출판예정도서목록(CIP)은 서지정보유통지원시스템 홈페이지(http://seoji.nl.go.kr)와
국가자료종합목록 구축시스템(http://kolis-net.nl.go.kr)에서 이용하실 수 있습니다. (CIP제어번호: CIP2017009883)

Pszczoły by Piotr Socha © 2015 by Wydawnictwo Dwie Siostry
Korean Translation Copyright © 2017 by PULBIT Publishing Co.
All rights reserved.
The Korean language edition published by arrangement with Wydawnictwo Dwie Siostry through MOMO Agency, Seoul.

이 책의 한국어판 저작권은 모모 에이전시를 통해 Wydawnictwo Dwie Siostry와의 독점 계약으로 "도서출판 풀빛"에 있습니다.
저작권법에 의해 한국 내에서 보호를 받는 저작물이므로 무단전재와 무단복제를 금합니다.

 This publication has been supported by the ⓒPOLAND Translation Program
이 책은 폴란드 북 인스티튜트의 지원을 받아 제작하였습니다.

*책값은 뒤표지에 표시되어 있습니다.
*파본이나 잘못된 책은 구입하신 곳에서 바꿔드립니다.

품명 아동 도서 **사용연령** 7세 이상
제조국 대한민국 **제조년월** 2021년 9월 1일
제조자명 도서출판 풀빛 **연락처** 02-363-5995
주소 서울특별시 강서구 양천로 583 우림블루나인 A동 21층 2110호
주의사항 종이에 베이거나 긁히지 않도록 조심하세요.
책 모서리가 날카로우니 던지거나 떨어뜨리지 마세요.
KC마크는 이 제품이 공통안전기준에 적합하였음을 의미합니다.